프로 비즈니스 한국어

3

PRO 비즈니스 한국어 3

초판발행	2013년 11월 4일
초판 6쇄	2025년 3월 25일

저자	김선정, 허용, 강현자, 박성태
편집	권이준, 김아영
펴낸이	엄태상
콘텐츠 제작	김선웅, 장형진
마케팅본부	이승욱, 왕성석, 노원준, 조성민, 이선민
경영기획	조성근, 최성훈, 김다미, 최수진, 오희연
물류	정종진, 윤덕현, 신승진, 구윤주

펴낸곳	한글파크
주소	서울시 종로구 자하문로 300 시사빌딩
주문 및 교재 문의	1588-1582
팩스	0502-989-9592
홈페이지	www.sisabooks.com
이메일	book_korean@sisadream.com
등록일자	2000년 8월 17일
등록번호	제300-2014-90호

ISBN   978-89-5518-074-9 14710
       978-89-5518-071-8   (set)

PRO
BUSINESS KOREAN
3

저자 **김선정, 허용, 강현자, 박성태**
감수위원 **박승찬**

한글파크

이제 세계 어디를 가더라도 현지에 진출해 있는 한국 기업의 광고와 상품을 접하는 것이 전혀 낯설지 않은 일이 되었다. 동남아시아의 어느 유명한 호텔은 멀리서 봐도 모든 객실의 에어컨 실외기에 한국 상표가 선명하고 남미의 어느 나라는 공항에서 시내로 들어가는 길에 한국 기업의 로고가 번쩍이는 광고판들이 서울의 여느 거리를 방불케 한다. 이처럼 한국의 위상이 높아지면서 국내 유학생과 한국 기업에 취업하기를 희망하는 외국인 또한 날로 증가하고 있다.

이 책은 한국 관련 기업에서 혹은 한국과 관련된 일에서 자신의 미래를 계획하고 있는 학생들을 위한 한국어 교재이다. 다시 말해 경영학이나 무역학 등 상경계열 진학생들에게는 전공 공부를 위한 예비 과정에서의 준비서로서, 한국 관련 기업체에 취업을 희망하는 학생들에게는 한국의 기업문화와 회사 생활에 관한 이해 및 관련 분야의 기초적인 지식을 함양할 수 있는 지침서로서의 역할을 염두에 두고 개발한 것이다.

교재는 모두 1권부터 4권까지 4단계의 등급으로 구성되어 있다. 1권과 2권은 기초적인 한국어 의사소통 능력 함양에 목표를 두고, 3권과 4권은 경영 · 무역 관련 주제에 관한 내용 이해와 한국어 숙달도 제고를 목표로 하고 있다. 따라서 1, 2권은 여느 일반적인 한국어 교재와 마찬가지로 가장 기초적인 한국어 표현과 어휘를 제시하되, 본 교재의 전체적인 목표를 고려하여 회사 생활 관련 주제로 단원을 구성하고 그에 따른 어휘를 제시하고자 하였다. 3권과 4권은 1, 2권의 내용을 바탕으로 보다 본격적인 실무 상황을 염두에 두고 개발하였다. 다시 말해 3권과 4권의 구성은 경영·무역 관련 분야에서 주제를 선정하여 해당 주제의 업무 상황을 제시하고 관련 표현과 아울러 내용 지식을 갖출 수 있도록 한 것이다.

이 교재를 개발하는 데 있어서 비즈니스 한국어의 효과적인 학습이라는 방법적 측면 못지않게 중요시되었던 점은 교수 내용에 관한 타당성 검증이었다. 일차적으로 경영학 전문가들에 의해 주제별 내용이 선정되었으며 이렇게 선정된 내용은 한국어 교육 경험이 풍부한 교사들을 중심으로 전체적인 틀을 갖추게 되었다. 내용 전문가와 한국어 교육 전문가의 공조 없이는 교재의 원래 취지를 충분히 살리기 어려울 것이라는 판단에서였다. 이후 완성된 교재는 다시 내용 전문가들의 감수를 거쳐 최종적으로 빛을 보게 되었다.

이 책이 나오기까지 많은 도움을 준 계명대학교 한국어학당 강진숙, 이명오, 이소영, 최효선 선생님과 교재로서의 외양을 갖출 수 있도록 애써 주신 '한글파크(랭기지플러스)' 편집부 여러분께 진심으로 감사드린다. 향후 이 교재가 전공 예비과정 또는 취업 대비서로 많은 외국인 학생들의 든든한 동반자가 되기를 기대한다.

2013 여름

대표 저자 **김선정**

본 교재는 대학에서 상경계열을 전공하는 외국인 학습자 및 한국 기업에의 취업을 목표로 하거나 한국 관련 무역 업무에 종사하고자 하는 외국인들을 대상으로 한다. 따라서 이 책으로 공부하는 학습자들이 한국어 능력을 향상함은 물론 경영·무역 업무의 주요 주제를 배경 상황으로 하여 한국의 기업 문화에 대한 이해와 한국어를 바탕으로 하는 비즈니스 업무에 관한 지식을 함양함을 목표로 한다.

본 교재는 15개의 단원으로 이루어져 있으며 각 과의 구성은 다음과 같다.

단원 도입

해당 단원에서 학습할 내용을 이미지 사진과 더불어 간략한 설명으로 제시하였다.

읽어 봅시다

- 해당 단원의 주제를 가장 잘 드러낼 수 있는 상황을 내용으로 본문을 구성하였다.
- 본문의 내용과 어울리는 적절한 사진 또는 그림을 함께 제시하여 학습자들이 본문의 내용을 유추할 수 있도록 하였다.

- 또한 본문에 등장하는 주요 어휘들은 쉬운 설명과 함께 제시하였다.

- 본문 내용을 이해했는지 점검하고, 다른 언어 기능으로 전이를 유도하는 한편, 강화 활동을 통하여 주제에 관한 정보도 축적할 수 있도록 하였다.

관련 어휘

해당 단원의 주제와 관련해 대표적인 용어를 소개하고 이들의 의미를 알기 쉽게 설명하였다.

어휘 문제

- 확인 학습을 위해 본문에 제시된 어휘를 여러 가지 유형의 문제들로 제시하였다.
- 주제 관련 어휘를 여러 가지 유형의 연습문제를 통해 내재화할 수 있도록 하였다.

문법 및 표현

- 해당 단원에서 배워야 할 문법을 적절한 예문과 함께 제시하였다.
- 학습한 문법에 대한 연습 문제를 두어 한국어 사용 능력을 제고하고자 하였다.

활동 1

과제 활동을 통해 단원의 학습 내용을 숙지하고 실제 상황에서 적용할 수 있도록 하였다. 읽기·쓰기·말하기 등의 다양한 활동을 통하여 한국어 능력을 총체적으로 제고할 수 있도록 하였다.

활동 2

각 단원의 주제에 관한 다양한 유형의 문항을 통해 배운 내용을 최종 점검해 봄으로써 해당 분야의 지식으로 축적될 수 있도록 하였다.

목차

BUSINESS KOREAN
CONTENTS

문법			관련어휘
• A/V –(으)ㄴ/는/(으)ㄹ만큼, N만큼	• A/V –더라도	• A/V–(으)ㄹ 수밖에 없다	기업문화 관련 어휘
• V–이/히/리/기–	• A/V–(으)ㄹ 뿐만 아니라, N일 뿐만 아니라	• V–(으)ㄹ 만하다	사원 교육 관련 어휘
• V–(으)ㄹ 뻔하다	• A/V–기는 하지만	• A/V–잖아요	사내 행사 및 모임 관련 어휘
• A/V–(으)며	• A/V–(으)ㄴ/는 점	• N을/를 통해서	채용 관련 어휘
• V–아/어 버리다	• A–다면 / V–ㄴ/는다면	• V–게 되다	임금 관련 어휘
• A/V–(으)ㄴ/는데도 불구하고	• N와/과 다르게/달리	• A/V–(으)ㄹ걸(요)	시장조사 관련 어휘
• A/V–기도 하다	• A/V–(으)ㄹ까 봐(서)	• V–고 말다	벤치마킹 관련 어휘
• V–고도	• A/V–도록	• V–아/어 두다	계약 및 주문 관련 어휘
• N대로	• A/V–다고 하다	• V–는 대로	납품 및 클레임 관련 어휘
• 사동	• N–시키다	• V–았/었더니	생산관리 관련 어휘
• A/V–아/어야	• N에 따라	• A/V–(으)면 A/V–(으)ㄹ수록	수익 및 비용 관련 어휘
• V–아/어 있다	• A/V–(으)ㄴ/는 데다가	• N에다(가)	수입 및 수출 관련 어휘
• A/V–기 마련이다	• V–고자	• V–게 하다	판매 촉진 활동 관련 어휘
• A/V–(으)나	• A/V–(으)므로	• A/V–(으)ㄹ 정도로	환율 관련 어휘
• V–기 위해(서)	• V–아/어야지요	• N에 대해(서)	브랜드 정책 관련 어휘

기업문화

기업의 장기적인 발전을 위해 소통과 인간 중심의 기업문화가 중요시되고 있다.
야근과 실적으로 대표되던 기존의 일 중심 문화에서 일과 삶의 균형을 중시하고
구성원의 자유롭고 자발적인 참여가 가능한 문화로 바뀌어 가고 있다.

기업문화는 기업의 구성원들이 공유하는 가치관과 행동 양식에 의해 만들어지는 업무 환경이나 분위기, 규칙 등 기업 내에 존재하는 전통과 관습을 의미한다.

기업문화는 자본이나 기술, 정보처럼 기업을 구성하는 다른 요소들과 달리 조직에 **내재돼** 있을 뿐만 아니라 구성원들이 공유하는 가치인 만큼 **단기간**에 바뀔 수 있는 것이 아니다.

경영자가 개방적인 태도를 가지고 있고 기업의 분위기가 긍정적이면 직원들은 자유로운 분위기 안에서 자신의 **역량**을 최대한 발휘할 수 있고 능력도 키울 수 있다. 직원의 성장은 장기적으로 볼 때 기업의 성장과 연결되며 기업 경쟁력 상승으로 이어진다. 또한 기업문화는 사회적 **평판**에도 영향을 미치는데 좋은 기업문화를 가진 기업은 구직자들에게는 일하고 싶은 기업으로, 소비자들에게는 좋은 물건을 만드는 곳으로 인식된다. 만약 특정 기업이 좋은 기업문화로 이미지 상승이 되었다면 그 기업 상품의 판매량은 늘어난다. 하지만, 소비자들이 그 기업의 문화를 나쁘다고 생각하면 좋은 상품을 만들더라도 기업의 경쟁력은 떨어질 수밖에 없다.

기업문화의 중요성이 **부각**되면서 좋은 기업문화가 실제로 기업의 수익성을 높인다는 연구 결과가 주목 받고 있다. 미국의 경제전문 잡지인 포춘지(Fortune)에 따르면 좋은 기업문화로 선정된

기업은 **신뢰**, **자긍심**, 동료애를 중심으로 리더와 직원들이 강한 **유대감**을 갖고 있다고 한다. 또한 기업 구성원들이 주인의식을 갖고 일하기 때문에 생산성과 수익성, 고객만족도 등 모든 면에서 다른 기업을 앞선다고 한다.

　최근 기업문화의 추세는 일과 가정의 균형, 다양성, 소통, 윤리 경영으로 대표될 수 있는 '일과 생활의 조화'와 '스마트워크(smart work)'이다. 무조건 오래 일해서 업무 성과를 높이는 것이 아니라 다양한 방법을 통해 개인의 여유 있는 삶을 보장하면서 업무 성과를 높이려는 것이다. 일과 생활의 균형을 통해 조직과 개인의 목표를 조화시키려는 노력이 더 높은 업무 효율과 회사의 이익을 극대화시킬 수 있는 방법이 될 것이다.

글을 읽고 대답해 보세요.

1. 기업문화란 무엇입니까?

2. 기업문화와 기업 경쟁력은 어떤 상관관계가 있습니까?

3. 여러분이 생각하는 좋은 기업문화에 대해 이야기해 봅시다.

본문어휘

규범적
마땅히 따르고 지켜야 할 본보기가 되는 것.

내재되다
어떤 범위 안에 들어있다.

단기간
짧은 기간.

역량
어떤 일을 해낼 수 있는 힘.

평판
세상 사람들의 비평, 평가.

부각
어떤 사물의 특징을 두드러지게 함.

신뢰
굳게 믿고 의지함.

자긍심
스스로의 능력을 믿는 마음.

유대감
서로 가깝게 연결되어 있는 공통된 느낌.

사원 교육 社員教育
직원들을 대상으로
기업 문화에 적응시키고
구성원들의 일체감 형성을
위해 하는 교육 훈련.

비전 vision
기업이 미래에 마땅히 되어
있어야 할 모습이나 미래의
그 모습에 이르기 위한 계획.

조직 문화 組織文化
기업의 구성원들이 가지고 있는
믿음, 가치관, 관습이나 기업
구성원들의 행동에 영향을 주는
기본적인 요인.

팀워크 teamwork
팀이 협동하여 행하는 동작이나
기업 구성원들 간의 연대. 팀의
구성원들이 목표를 달성하기
위해 각 역할에 책임을 다하고
협동하는 것.

리더십 leadership
집단의 목표달성을 위해 집단
내의 어떤 구성원이 다른 사람에
게 미치는 적극적인 영향력. 즉
지도자로서의 능력이나 지도력,
통솔력, 자질 등을 말함.

조직 개편 組織改編
기업의 변화를 위하여 기업을
이루고 있는 부서 등을 고쳐서
다시 편성함.

신바레이션
'신바람+rationalism'
동양의 신바람 문화와 서양의
합리주의가 융화된 독특한
기업 문화.

1. 보기에서 알맞은 단어를 골라 문장을 완성하십시오.

보기	부각	신뢰	역량	자긍심

(1) 그 사람은 한 부서를 책임지기에는 　　　　　　 이/가 부족하다.

(2) 자신의 직업에 대한 　　　　　　 (으)로 일에 대한 열정과 의지가 생길 수 있다.

(3) 제품보다는 기업 이미지를 　　　　　　 시키는 것이 중요하다.

(4) 사장이 비리를 저질렀다는 소식이 뉴스에 나오자 그 기업에 대한 　　　　　　 이/가 떨어졌다.

2. 관계있는 것끼리 연결하십시오.

(1) 개인의 능력을 하나로 모아 구성된 팀을 통해   ·   · 리더십
   조직력을 강화하는 것이 가장 중요합니다.

(2) 우리 회사는 업무의 효율성을 높이고 사내 분위기를   ·   · 비전
   쇄신하기 위해 전체 부서를 다시 조정하였다.

(3) 자신의 힘으로 다른 사람에게 일을 시키는 것이   ·   · 조직 개편
   아니라 구성원들을 자발적으로 참여하게 하여
   기업의 목표를 이루도록 해야 합니다.

(4) '월드클래스(world class) 기업', '인재의 육성과 관리', ·   · 팀워크
   '구성원의 다양성과 기업의 정체성과의 조화'를 우리
   기업의 미래 계획으로 삼았다.

A/V -(으)ㄴ/는/(으)ㄹ 만큼, N만큼

앞 내용이 뒤 내용의 이유나 근거가 됨을 나타내거나 정도가 비슷함을 나타냅니다.

가 : 오늘 전 직원 앞에서 발표를 하는데 잘할 수 있을지 걱정이에요.

나 : 열심히 준비한 만큼 잘할 수 있을 거예요.

• 다른 사람들도 들을 수 있을 만큼 크게 말해 보세요.
• 참을 수 없을 만큼 머리가 아파서 병원에 가 봐야겠어요.

1. 보기와 같이 대화를 완성하십시오.

> **보기**
> 가: 일이 힘들지 않아요?
> 나: 힘들어요. 그렇지만 <u>힘든 만큼</u> 보람도 커요.

(1) 가: 요즘 아주 피곤해 보여요.
　　나: ＿＿＿＿＿＿＿＿＿＿ 일이 많아서 그래요.

(2) 가: 내일 회의 준비 잘 되어 가요?
　　나: ＿＿＿＿＿＿＿＿＿＿ 쉽지 않아서 시간이 오래 걸리네요.

(3) 가: 어제 본 영화 어땠어요? 재미있었어요?
　　나: 아니요, ＿＿＿＿＿＿＿＿＿＿ 재미있지 않아서 실망했어요.

(4) 가: 어떻게 하면 회사 사람들과 관계가 좋아질까요?
　　나: ＿＿＿＿＿＿＿＿＿＿ 친해질 거예요.

A/V -더라도

부정적이거나 실현 가능성이 낮은 상황을 가정할 때 사용합니다. 앞 문장에서는 현재 상황을 인정하지만 뒤 문장은 앞 문장과 반대되는 상황을 나타낼 때 사용합니다. 보통 '아무리', '비록' 등과 같이 쓰입니다.

가 : 정말 그 일은 너무 힘들어서 하기 싫어요.

나 : 하기 싫더라도 끝까지 해야 해요.

• 퇴사를 하더라도 자주 연락합시다.
• 아무리 회사 일이 바쁘더라도 운동은 꼭 하세요.

2. 보기와 같이 문장을 완성하십시오.

> 보기   또 실패하다. 포기하지 않겠다.
> → 또 실패하더라도 포기하지 않겠어요.

(1) 신제품 판매가 잘 되다. 새로운 시장을 개척하다.

→ _____ .

(2) 승진 시험에 계속 떨어지다. 포기하면 안 되다.

→ _____ .

(3) 피곤하다. 이 일을 내일까지 끝내야 하다.

→ _____ .

(4) 월급을 적게 받다. 내가 좋아하는 일을 하고 싶다.

→ _____ .

A/V-(으)ㄹ 수밖에 없다

어떤 상황이 되었을 때 다른 선택 없이 그것만 해야 하거나, 어떤 상황에서 그런 결과가 나오는 것이 당연하다는 것을 나타냅니다.

가 : 컴퓨터가 또 고장이 났어요.

나 : 너무 오래 돼서 고장 날 수밖에 없어요.

• 눈이 나빠져서 안경을 쓸 수밖에 없어요.
• 신입사원 시절에는 모든 일에 긴장할 수밖에 없어요.

3. 보기와 같이 대화를 완성하십시오.

보기
가: 신발이 좀 커서 불편해요.
나: 발에 안 맞는 신발을 신으면 불편할 수밖에 없어요.

(1) 가: 어깨하고 눈이 너무 아파요.
　　나: 컴퓨터를 오래 하면 ＿＿＿＿＿＿＿＿＿＿＿＿＿＿＿＿＿.

(2) 가: 요즘 계속 야근을 했더니 너무 피곤해요.
　　나: 그렇게 무리하게 일을 하면 ＿＿＿＿＿＿＿＿＿＿＿＿＿＿＿＿＿.

(3) 가: 새로 맡은 일을 하는데 시간이 너무 오래 걸려요.
　　나: 처음 하는 일이니까 ＿＿＿＿＿＿＿＿＿＿＿＿＿＿＿＿＿.

(4) 가: 어떻게 마케팅 팀은 새로운 아이디어가 항상 많이 나오는 걸까요?
　　나: 분위기가 자유로우니까 참신한 아이디어가 ＿＿＿＿＿＿＿＿＿＿＿＿＿＿＿＿＿.

다음은 새로운 근무 환경을 조성하기 위해 만든 사내 규정입니다.
아래 내용을 읽고 이야기해 보십시오.

근무 규정

제1조[근무] 주당 근로시간은 40시간을, 1일의 근로시간은 8시간을 초과할 수 없다.

제2조[잔업] 잔업과 휴일 근무는 원칙적으로 금지한다.

제3조[휴가]
  1항 휴가는 연간 15일로 한다.
  2항 육아 휴직은 최대 3년을 보장한다.
  3항 전 직원은 5년에 한 번 회사의 지원을 받아 해외로 휴가를 간다.

제4조[정년]
  1항 정년은 70세로 정한다.
  2항 직원의 자유 의지에 따라 퇴직을 결정한다.

1. 위 기업에서 일하는 사원들의 근무 분위기는 어떨까요?

2. 위 조건에서 일할 때 긍정적인 면과 부정적인 면에 대해서 이야기해 보세요.

여러분은 어떤 근무 환경에서 일하고 싶습니까? 여러분이 일하고 싶은 회사의 근무 규정을 만들어 보십시오.

근무 규정

제1조[근무]

제2조[휴가]

제3조[정년]

제4조[복장]

제5조[진급]

다음을 읽고 물음에 답하십시오.

> 지난해 3월 한국의 대표적인 철강회사인 포스코의 회장이 '흡연율 제로(0%) 기업'을 선포했다. 이 회사의 사원들은 회장의 강력한 의지로 담배와 작별을 고해야 했다. 1년이 지난 최근 이 회사의 금연율은 적어도 근무 시간 중에는 100%이다. 처음에는 개인의 기호를 무시하는 일방적인 조치에 불만스러워 하는 사원도 있었다. 그러나 사원 가족들은 회사의 결정을 환영하는 분위기였으며 금연에 성공한 개인들의 만족도도 차츰 높아졌다.
>
> 금연 기업을 목표로 하는 회사는 이 기업만이 아니다. 어느 기업에서는 금연서약서에 서명한 흡연자 모두에게 자전거를 선물로 주었는가 하면 금연에 성공한 부서에 격려금을 지급하는 기업도 있었다. 이와 같은 변화는 (㉠) 최근의 기업 풍토와도 무관하지 않은 것으로 보인다. 직원들이 건강해야 회사가 잘 돌아갈 것이라는 판단에서 사내 운동 프로그램 운영, 비만 관리, 건강식 제공 등 사원들의 건강 관리도 기업 경영의 일부로 여기게 된 것이다.

1. 이 글의 제목으로 알맞은 것은 무엇입니까?

   ① 기업에 부는 금연 열풍
   ② 건강은 직장인의 필수 조건
   ③ 사원의 건강은 기업의 책임
   ④ 사원의 금연을 강요하는 기업

2. ㉠에 들어갈 내용으로 가장 적당한 것은 무엇입니까?

   ① 사원 복지 프로그램을 강화하는
   ② 사원들의 사생활에 적극 개입하는
   ③ 사원들의 건강을 자산으로 생각하는
   ④ 금연 성공 사례를 기업 홍보에 이용하는

사원 교육

기업은 사원들의 업무 능력을 향상시키기 위해 교육을 한다.
이 교육을 통해 사원들은 자기 발전의 기회를 가질 수 있고 기업은
많은 인재를 키워 회사를 더욱 발전시킬 수 있다.

UNIT 02 사원 교육

대부분의 기업에서는 사원들의 **업무** 능력을 **향상시키기** 위해 사원 교육을 한다. 그러나 요즘은 업무 능력과 관계없이 사원들에게 회사를 사랑하는 마음을 갖게 하거나 정신력을 향상시키기 위해 사원 교육을 하기도 한다.

사원 교육은 교육(education)과 훈련(training)으로 나눌 수 있다. 교육은 업무에 필요한 지식을 **학습하는** 것을 의미하고, 훈련은 기술과 회사에 맞는 마인드를 학습하는 것을 의미한다.

사원 교육은 신입사원 교육, 일반 사원 교육, 감독자 교육, 중간 관리자 교육, 최고 경영자 교육으로 나눌 수 있는데 이 중 가장 많이 이루어지는 것은 신입사원 교육이다. 신입사원 교육은 새로 입사한 사원들에게 회사에서 해야 할 일에 대해 교육하는 것으로 흔히 오리엔테이션(orientation)이라고도 한다.

과거의 신입사원 교육은 회사 생활에 필요한 업무를 배우기 위해 강의를 듣거나 현장을 **둘러보는** 것이 대부분이었다. 그러나 시대가 변하면서 기업들의 신입사원 교육 방법도 바뀌고 있다.

신입사원 오리엔테이션

컴퓨터 바이러스 백신 개발 회사인 '신화컴퓨터'에서는 신입사원 교육을 위해 신입사원들이 선배들과 편안하게 대화를 나눌 수 있는 자리를 만들었다. 신입사원들은 선배들과 대화를 하면서 자신에게 필요한 능력을 이해할 수 있었을 뿐만 아니라 앞으로 자신이 해야 할 일들을 생각하는 기회를 가질 수 있었다.

주유 업체인 한신 정유는 신입사원들에게 3일 동안 무인도를 체험하게 했다. 신입사원들은 무인도에서 스스로 먹을 만한 음식을 구하고 잠을 잘 장소를 만들었다. 이 교육으로 신입사원들은 서로 힘을 합쳐 어려움을 극복하는 팀워크를 기를 수 있었다. 이처럼 시대의 변화에 발맞춰 기업마다 이색적인 신입사원 교육이 이루어지고 있다.

업무
회사에서 직원들이 맡아서 하는 일.

향상시키다
어떤 것의 수준을 이전보다 더 나아지거나 높아지게 하다.

학습하다
새로운 지식이나 기술을 배우다.

둘러보다
어떤 장소나 물건을 이리저리 살펴보다.

체험하다
어떤 일을 실제로 보고 듣고 경험하다.

극복하다
힘든 일을 노력해서 없어지게 하거나 좋아지게 하다.

글을 읽고 대답해 보세요.

1. 교육과 훈련의 차이점은 무엇입니까?

2. 위 글의 내용과 같으면 O, 다르면 X를 하십시오.

   (1) 과거에는 신입사원 교육이 없었다. (   )

   (2) 신입사원 교육은 입사 전에 이루어진다. (   )

3. 여러분은 어떤 사원 교육을 받고 싶습니까?

현장훈련

現場訓練, On the Job Training

직장 내에서 하는 사원 교육.
보통 부서의 책임자가
교육을 하는데 비용이 적게
들고 일을 하면서 교육할 수
있다는 장점이 있음.

현장외훈련

現場外訓練, Off the Job Training

회사 내에서 학습하기 어려운
기술이나 업무를 교육하는 것.
보통 회사 내의 상사가 아닌
다른 사람이 교육함.

모의훈련 模擬訓練

모의란 실제로 있는 것을
비슷하게 따라 해 보는 것으로
사원 교육에서의 모의훈련은
실제로 회사에서 일을 하면서
훈련을 통해 업무 내용을
익히는 것을 말함.

견습 見習

경험이 많은 상사나
교육자 등과 함께 일하는 것.
실무에 필요한 훈련을
받을 수 있음.

직무순환 職務循環

직원들이 자신이 맡은 부서뿐만
아니라 다른 부서의 업무를
경험할 수 있도록 하는 것.
회사 내의 다양한 업무를
익히는 기회를 가질 수 있음.

1. 보기에서 알맞은 단어를 골라 문장을 완성하십시오.

보기	극복하다	체험하다	학습하다	향상시키다

(1) 용인 민속촌에 가면 한국의 전통 문화를 [   ] 수 있다.

(2) 우리 회사는 매년 직원들의 업무 능력을 더 [   ] 위해 교육을 실시한다.

(3) 회사가 어려워지자 직원들은 위기를 [   ] 위해 당분간 월급을 받지 않기로 결정했다.

(4) 많은 나라에서 한국 드라마의 인기가 높아지면서 한국어를 [   ] 외국인의 수도 점점 늘고 있다.

2. 관계있는 것끼리 연결하십시오.

(1) 모의훈련 •

• 현장 업무를 더 정확하게 배우기 위해서 현장 전문가에게 교육을 받았다.

(2) 견습 •

• 영업직 사원들이 업무에 더 빨리 익숙해지도록 하기 위해 직접 영업 현장에 나가 물건을 팔아 보도록 했다.

(3) 직무 순환 •

• 마케팅 부서에 지원했지만 더 다양한 업무 경험을 쌓기 위해 오늘부터 홍보팀의 업무를 배우기로 했다.

V-이/히/리/기-

어떤 사람이나 사물이 직접 동작을 행한 것이 아니라 다른 힘에 의해서 그렇게 됐을 때 사용합니다. 동사에 따라 '-이/히/리/기-' 중 하나를 택해 사용합니다.

가 : 더운데 왜 창문을 안 열어요?

나 : 창문이 고장 나서 열리지 않아요.

- 납품일이 다가와 시간에 쫓기고 있어요.
- 회사 업무 때문에 스트레스가 많이 쌓여요.

-이-		-히-		-리-		-기-	
보다	보이다	닫다	닫히다	듣다	들리다	끊다	끊기다
놓다	놓이다	막다	막히다	열다	열리다	쫓다	쫓기다
쌓다	쌓이다	잡다	잡히다	걸다	걸리다	안다	안기다
바꾸다	바뀌다	먹다	먹히다	풀다	풀리다	감다	감기다

1. 보기와 같이 문장을 완성하십시오.

보기   바람 때문에 문이 갑자기 닫혀서 깜짝 놀랐어요.

(1) 남산에 올라가면 시내가 한눈에 다   .

(2) 리모델링을 했더니 사무실 분위기가 많이   .

(3) 임금 협상에 대해 많이 고민했는데 문제가 쉽게   .

(4) 밖에서 시끄러운 소리가   업무에 집중을 못하겠어요.

A/V-(으)ㄹ 뿐만 아니라, N일 뿐만 아니라

앞 문장에서 이야기한 사실과 함께 다른 상황도 있음을 나타냅니다. 과거의 상황을 이야기할 때는 '-았/었을 뿐만 아니라'와 함께 결합하여 사용합니다.

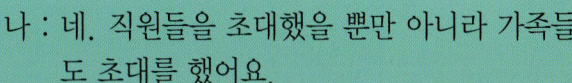

가 : 이번 사내 행사에 직원들을 모두 초대했나요?

나 : 네. 직원들을 초대했을 뿐만 아니라 가족들도 초대를 했어요.

• 우리 회사는 월급이 많을 뿐만 아니라 휴가도 길다.
• 영희는 업무 능력이 뛰어날 뿐만 아니라 성격도 좋아서 인기가 아주 많다.

2. 보기와 같이 대화를 완성하십시오.

보기
가: 이 컴퓨터 정말 가볍지요?
나: 네, 가벼울 뿐만 아니라 성능도 좋아요.

(1) 가: 구내식당 음식이 맛있어요?
    나: 네, _____.

(2) 가: 이번 신제품의 반응이 어떤가요?
    나: _____.

(3) 가: 지금 다니고 있는 회사에 일이 많아요?
    나: 네, _____.

(4) 가: 왕단 씨가 한국어 단어를 많이 알지요?
    나: 네, _____.

V-(으)ㄹ 만하다

앞 문장에서 말하는 일이 행동을 할 가치가 있음을 나타냅니다.

가 : 제주도는 어떤 곳이에요?

나 : 경치가 아름다워서 한번 가 볼 만한 곳이에요.

• 선의의 경쟁을 위해 연봉제는 도입할 만합니다.
• 경쟁사의 복지제도는 우리 회사에서도 본받을 만해요.

3. 보기와 같이 대화를 완성하십시오.

> 보기
> 가: 왕단 씨가 쓰고 있는 전자사전 어때요?
> 나: 저장된 단어가 많아서 쓸 만해요.

(1) 가: 신입사원 교육을 해야 하는데 어디가 좋을까요?
　　나: 설악산 연수원이 ＿＿＿＿＿＿＿＿＿＿＿＿＿.

(2) 가: 한국 영화를 보고 싶은데 어떤 영화가 괜찮아요?
　　나: '사랑'이라는 영화가 ＿＿＿＿＿＿＿＿＿＿＿＿＿.

(3) 가: 한국 지사에서 근무한 지 벌써 6개월이 됐는데 어때요?
　　나: 이제 익숙해져서 ＿＿＿＿＿＿＿＿＿＿＿＿＿.

(4) 가: 마케팅에 대한 책을 읽어 보고 싶은데 어떤 책이 좋아요?
　　나: '신 마케팅'이라는 책이 ＿＿＿＿＿＿＿＿＿＿＿＿＿.

다음은 직장에서 원하는 사원과 싫어하는 사원에 대한 내용입니다. 아래의 내용 외에 직장에서 원하는 사원과 싫어하는 사원의 유형에는 어떤 것이 있는지 이야기해 보십시오.

직장에서 원하는 사원

(1) 자신의 건강을 지키려고 노력하는 사람.
(2) 주변 사람들의 의견을 잘 들어 주는 사람.
(3) 자기가 맡은 일에 최선을 다 하는 적극적인 사람.
(4) 모든 일을 긍정적으로 생각하고 계획한 것을 실천하는 사람.
(5) 아무리 힘든 일이 있어도 자신이 해야 할 일을 잘 하는 사람.
(6) 자신의 꿈을 키우려고 열심히 노력하고 자기 계발을 하는 사람.
(7) 표현 능력이 좋고 자신의 생각을 다른 사람에게 잘 전달할 줄 아는 사람.
(8) 다른 사람의 의견을 잘 듣고 자신이 고쳐야 할 부분은 적극적으로 고치는 사람.

직장에서 싫어하는 사원

(1) 성실하지 않은 사람.
(2) 지나치게 겸손한 사람.
(3) 다른 사람을 잘 사귀지 못하는 사람.
(4) 혼자 잘난 것처럼 모든 것을 해결하려고 하는 사람.
(5) 자기 자랑이 심하고 자신이 완벽하다고 생각하는 사람.

💬 **다음을 읽고 물음에 답하십시오.**

(㉠) 종합 평가표														【기술직】	
피 평 가 자	성 명	김인수 (인)	소속 부서	개발부	평 가 자	평 가		일시		평가자					
	직 위	사원	입 사 일	10. 05. 30		1차 평가		11.10.10		팀장　　이민선 (인)					
	사 번	10-2332	현 보직일	11. 01. 15		2차 평가		11.10.25		인사부장　김한국 (인)					

평가 요소	평가 기준	회 차	등급별 평가						평가 점수
			S	A	B	C	D	E	
태 도 및 능 력 평 가 표	항상 근무 태도가 성실하고 스스로 해야 할 일을 알고 있습니까? 목표를 이루기 위해 열심히 노력하고 맡은 일에 최선을 다하고 있습니까?	1차		√					9
		2차	√						10
	맡은 업무에 대해 충분히 이해하고 있습니까? 회사내에서 지켜야 할 규칙을 잘 지키고 있습니까?	1차					√		6
		2차			√				8
	새로운 아이디어를 제안하는 능력이 있습니까? 다른 사람은 하지 않는 특별한 방법으로 일합니까?	1차						√	5
		2차						√	4
	상사의 지시 내용을 정확하게 이해하고 이것을 행동으로 옮기는 능력이 있습니까? 자신이 하는 일과 관계있는 규칙들을 잘 지키고 있습니까?	1차		√					9
		2차		√					9
	비용을 생각하여 효과적으로 업무를 처리하고 있습니까? 업무와 관계있는 정보에 대한 관리를 잘 하고 있습니까?	1차			√				8
		2차				√			7

소 계	50점 만점	1차	37
		2차	38

평가 점수	S=10　　A=9　　B=8　　C=7　　D=6　　E=5점 이하

1. ㉠에 들어갈 알맞은 말을 고르십시오.

　　① 인사고과　　　　② 개선 제안　　　　③ 자격 고시　　　　④ 내부 감사

2. 위 평가표를 참고하여 김인수 씨를 기술할 때 가장 부적합한 것은?

　　① 창의적인 사람　　　　　　　② 성실히 노력하는 사람
　　③ 규칙을 잘 지키는 사람　　　④ 상사의 말을 잘 듣는 사람

회사생활

최근 기업의 회식 문화에 큰 변화가 일고 있다.

건강도 해치지 않으면서 업무로 쌓인 스트레스도 풀 수 있도록

저녁 식사나 술자리 대신 운동 경기나 공연을 관람하기도 한다.

김 대리 이 대리, 올해부터 회식 시간이 점심시간으로 바뀌었네요.

이 대리 네, 작년까지만 해도 회식 할 때마다 술을 너무 많이 마셔서 죽을 뻔 했는데 우리 회사 도 회식 문화가 **개선**되는 것 같아서 좋네요.

김 대리 최근 회식 문화에 큰 변화가 있는 것 같아요. 저녁 식사나 술자리 대신 운동 경기나 공 연을 **관람하는** 팀도 있어요. 물론 술 없는 건강한 문화가 좋기는 하지만 경기나 공연을 보고 나서 그냥 헤어지기는 **아쉬운** 것 같아요. 팀원들이 같이 술도 마시고 노래도 하면 서 즐겁게 보내는 게 더 좋지 않아요?

이 대리 회식이 항상 술로 끝나야 한다는 **고정관념**은 버려야 해요. 건강도 해치지 않으면서

본문 어휘

개선
잘못된 것이나 부족한 것을
고쳐서 좋게 만드는 것.

관람하다
연극, 영화, 운동 경기 미술
등을 구경하다.

아쉽다
필요할 때 없거나 모자라서
안타깝다.

고정관념
잘 변하지 않고 행동을 주로
결정하는 의식.

고충
괴로운 마음이나 일.

지침
생활이나 행동의 방법이나
방향을 결정하는 규칙.

애주가
술을 매우 좋아하는 사람.

권장하다
어떤 일을 하도록 권하다.

동참하다
어떤 모임이나 일에 같이 하
다.

서로의 **고충**을 털어놓고 업무로 쌓인 스트레스도 풀 수 있다면 더 좋을 거예요. 회사에서도 캠페인도 벌이고 있잖아요. 직원 전체에게 보낸 이메일 못 받으셨어요?

김 대리 '119 캠페인' 말이지요? 회식을 할 때 한 가지 술만 마시고 1시간 이내로, 9시 이전에 끝내라는 **지침**요? 우리 회사 **애주가**들은 아쉽겠어요.

이 대리 직원들의 건강을 생각해서 술 없는 회식을 **권장하는** 거지요. 회식 문화 개선에 앞장 선 부서에는 연말에 휴가도 주니까 우리도 즐겁게 **동참합시다**.

 글을 읽고 대답해 보세요.

1. 이 회사의 '회식 문화'는 어떻게 변했습니까?

2. '119 캠페인'은 무엇입니까?

3. 회식에 대한 두 사람의 생각을 정리해 봅시다.
   • 김 대리:
   • 이 대리:

4. 여러분이 원하는 회식에 대해 소개해 보세요.

시무식 始務式
관공서나 기업체에서 연초에 한 해의 업무를 시작할 때 하는 행사.

종무식 終務式
기업체나 관공서에서 연말에 업무를 끝낼 때에 하는 행사.

사내 동호회
社內同好會
기업에서 같은 취미를 가지고 함께 즐기는 직원들의 모임.

단합대회 團合大會
기업의 많은 사람의 마음과 힘을 한데로 모으기 위한 모임.

워크숍 workshop
전문적인 기술 또는 아이디어를 시험적으로 실시하면서 검토하는 연구 모임이나 세미나.

회람 回覽
회사에서 방침이나 전달 사항을 적은 글을 사원들이 차례로 돌려보는 것. 또는 그 글.

성과급 成果給
작업의 성과를 기준으로 지급하는 돈.

1. 보기에서 알맞은 단어를 골라 문장을 완성하십시오.

> **보기**　　　개선　　　지침　　　권장하다　　　동참하다

(1) 회사 창업 30주년을 기념하는 '녹색 성장 캠페인'에 전 직원이 　　　　　.

(2) 새로운 기업문화의 정착을 위해 여러 가지 　　　　　 사항을 회람으로 돌렸다.

(3) 우리 회사의 업무 　　　　　 에 의하면 모든 사원은 반드시 업무일지를 써야 합니다.

(4) 회사에서는 개인이 혼자 업무를 처리하는 것보다 기업 구성원들이 함께하는 팀워크 작업을 　　　　　.

2. 관계있는 것끼리 연결하십시오.

(1) 회람　　•

(2) 성과급　　•

(3) 동호회　　•

(4) 단합대회　　•

• 농구를 좋아하는 남자 사원들이 모여서 모임을 만들었다.

• 내일 오후 두 시부터 관리자 전체 회의가 있다는 글이 돌았다.

• 우리 회사에서는 연초에 세운 수출 목표를 달성하면 회사 이익의 20%를 나눠 준다.

• 우리 부서는 가을이 되면 전 직원들이 축구, 줄다리기, 닭싸움 등을 하면서 서로 가까워지는 시간을 가진다.

V-(으)ㄹ 뻔하다

어떤 일이 거의 일어날 것 같았는데 실제로는 일어나지 않았을 때 사용합니다. 그런 일이 일어나지 않아서 다행이라는 느낌이 있습니다.

가 : 김 대리, 거래처에 대금을 결제했어요?

나 : 참, 오늘이 결제일이지요? 하마터면 결제일을 놓칠 뻔했네요.

• 공원에 사람이 너무 많아서 아이를 잃어버릴 뻔했어요.
• 지하철에서 책을 읽다가 시청 역에서 못 내릴 뻔했어요.

1. 보기 와 같이 대화를 완성하십시오.

> 보기
> 가: 내일 오후 2시에 회의 있는 거 아시지요?
> 나: 네, 말씀 안 해주셨으면 잊을 뻔 했어요.

(1) 가: 사업 보고서 완성하셨어요?
　　나: 네, 과장님께서 도와주지 않으셨으면 　　　　　　　　　　　.

(2) 가: 김 과장님, 잠깐 시간 좀 있으세요?
　　나: 네, 퇴근하려던 참이었는데 조금만 더 늦었으면 　　　　　　　　　　.

(3) 가: 김 대리님, 이번 단합대회에 참석하실 거지요?
　　나: 아, 종호 씨가 얘기해 주지 않았으면 　　　　　　　　　　.

(4) 가: 어제 늦게 자서 오늘 아침에 　　　　　　　　　　.
　　나: 내일부터는 더 일찍 주무세요.

A/V−기는 하지만

앞의 내용을 인정하지만 뒤에서는 앞의 내용과 반대되는 자신의 생각을 더해서 말할 때 사용합니다. 과거 사실을 이야기할 때는 'A/V−기는 했지만'을 사용합니다.

가 : 지금 보고 있는 영화가 어때요?

나 : 재미있기는 하지만 내용을 이해하기가 좀 어려워요.

• 표지판이 있기는 하지만 그것만 보고 길을 찾기는 힘들어요. 네비게이션이 있어야 돼요.
• 그 사람은 똑똑하기는 하지만 별로 성실하지는 않아요.

2. 보기와 같이 대화를 완성하십시오.

보기
가: 오늘 회식에 올 거지요?
나: 가기는 하지만 집에 빨리 가 봐야 해요.

(1) 가: 회사 생활이 처음이라서 어렵지요?
　　나: ＿＿＿＿＿＿＿＿ 새로운 일을 배울 수 있어서 재미있어요.

(2) 가: 어제 부장님이 주신 서류 다 읽었어요?
　　나: ＿＿＿＿＿＿＿＿ 내용은 잘 모르겠어요.

(3) 가: 새로 온 팀장님 좀 무서우신 것 같아요.
　　나: ＿＿＿＿＿＿＿＿ 정이 많으세요.

(4) 가: 출장을 갔다 와서 피곤하신데 왜 벌써 출근했어요?
　　나: ＿＿＿＿＿＿＿＿ 일이 많아서 일찍 출근했어요.

A/V-잖아요

듣는 사람이 이미 알고 있는 내용을 확인하거나 상대방이 잊어버려서 다시 기억나게 하려고 할 때 사용합니다.

가 : 이번에도 운영팀이 성과급을 받았네요.

나 : 운영팀은 항상 열심히 하잖아요.

• 이번 단합대회는 강원도 설악산에서 합니다.
 – 작년 단합대회도 강원도로 갔잖아요. 이번에는 다른 곳으로 가요.
• 과장님 언제 돌아오셨어요?
 – 지난주 토요일에 돌아오셨잖아요.

3. 보기와 같이 대화를 완성하십시오.

보기
가: 내일도 출근해요?
나: 아니요, 출근 안 해요. 토요일이잖아요.

(1) 가: 내일도 늦게 퇴근하겠네요.
　　나: 아니요, 3시에 끝나요. _____.

(2) 가: 과장님이 편찮으신 것 같아요.
　　나: _____.

(3) 가: 이 대리님이 기타를 잘 치시네요.
　　나: _____.

(4) 가: 총무팀은 왜 아직 출근을 안 했어요?
　　나: 부산으로 _____.

❗ **다음을 읽고 물음에 답하십시오.**

〈 회 람 〉   접수번호: 2013-067호

제출일자: 1월 30일
발   신: 대한무역 관리과
수   신: 대한무역 전 직원
제   목: 대한무역 사내 메신저 '대한알리미' 사용

안녕하십니까? 대한무역 직원 여러분
여러분의 효율적인 업무를 위해 사내 메신저 '대한알리미'를 개발했습니다.
앞으로 회사에서는 '대한알리미'를 활용하여 사내 모든 사원의 메시지를 공유하는 식으로 간단
한 업무 지시와 보고, 피드백을 하려고 합니다. 또한 출장 일정과 행사 일정도 '대한알리미'에 공
지하려고 합니다. 대한무역 직원 여러분의 많은 이용을 부탁드리며 보안을 위해 퇴근 시 반드시
로그아웃 해 주시기 바랍니다.

첨부파일 daehan.zip

1. 위 글은 무엇에 대한 글입니까?

2. 직원들은 일과를 마칠 때 무엇을 해야 합니까? 왜 그래야 합니까?

❗ **다음 중 하나를 골라 위와 같이 회람을 만들어 보십시오.**

1. 회사 등산 동호회 회원 모집

2. 우수 사원 소개

3. 사무용품 절약 요청

다음을 읽고 물음에 답하십시오.

1. 내용과 같은 것을 고르십시오.

> 소 영 대리님, 다음 달에 회사 마라톤 대회가 있다면서요?
>
> 박 대 리 네, 회사가 창립된 이후로 해마다 열렸대요.
>
> 소 영 그렇군요. 전 벌써부터 걱정이에요. 오래 달리기는 질색이거든요.
>
> 박 대 리 속도 조절을 잘하면 할 만해요. 서울 월드컵 경기장에 있는 마라톤 코스를 달리는데, 그 코스가 한 8km 정도거든요. 완주하는 데 보통 남자는 40분, 여자는 1시간 정도 걸리는 것 같아요.
>
> 소 영 1시간요? 힘들겠네요. 꼭 참가해야 하는 건가요?
>
> 박 대 리 특별한 사정이 있는 사람은 불참해도 돼요. 하지만 끝까지 달린 인원이 많은 부서 순서대로 상금을 받으니까 웬만하면 참가하는 게 좋아요.
>
> 소 영 그래요? 어쩔 수 없이 해야겠네요.

① 마라톤 대회는 올해 처음 열리는 행사이다.

② 마라톤 대회는 여자부와 남자부 경기를 따로 한다.

③ 마라톤 코스는 회사에서 서울 월드컵 경기장까지이다.

④ 마라톤 코스를 완주한 사람이 가장 많은 팀이 우승한다.

2. 내용과 같은 것을 고르십시오.

> 상 우 미영 씨, 내일 홍보팀 회식에 참석할 수 있어요?
>
> 미 영 네, 점심 함께 하는 거지요? 언제부턴가 회식이 점심시간으로 바뀌었어요.
>
> 상 우 최근 기업들 사이에서 회식 문화에 큰 변화가 일고 있다더군요. 저녁 식사나 술자리 대신 운동 경기나 공연을 관람하기도 한대요. 얼마 전에 우리 회사도 앞으로는 되도록 점심 모임을 가지라는 공지가 있었잖아요.
>
> 미 영 그랬군요. 전 술을 잘 못해서 회식할 때마다 말 못할 고민이 많았는데 듣던 중 반가운 소리네요.

① 상우는 홍보팀 회식 시간을 모르고 있었다.

② 두 사람은 저녁 회식을 못해서 아쉬워하고 있다.

③ 미영은 회식 문화의 변화를 긍정적으로 생각한다.

④ 회사는 직원들이 모임을 자주 가질 것을 권장한다.

UNIT 04

채용

기업들이 채용 방법을 바꾸고 있다. 지원자의 지식보다는
인성을 중요하게 생각하면서 면접이 중요시되고 종류도 다양해지고 있다.
새로 등장한 면접 방법으로는 역량 면접, 구조화 면접, PT 면접, 토론 면접 등이 있다.

UNIT
04 채용

    기업 채용 담당자 300명을 대상으로 신입사원을 채용할 때 가장 중요하게 생각하는 것에 대해 조사하였다. 조사 결과, 채용 담당자들이 가장 중요하게 생각하는 것은 '**인성**(39%)'이었다. 실제로 대기업 중에는 인간미와 재능을 **겸비한** 인재를 뽑기 위해 노력하는 기업들이 많다.

    학력을 중요하게 생각했던 과거와 달리 인성을 중요하게 생각하면서 면접의 종류가 다양해지고 있으며, 면접이 강화되고 있다. 긴 시간 동안 여러 명의 면접관이 한 명의 지원자를 면접하는 역량 면접, 지원자의 과거 경험과 관계있는 질문을 함으로써 미래의 가능성을 **예측해** 보는 구조화 면접, 주제에 대해 발표를 하도록 하는 PT(presentation) 면접, 여러 지원자들이 함께 토론하도록 하는 토론 면접 등 다양한 방법이 면접 시험장에 **도입되고** 있다.

면접 방법의 **변화**와 함께 채용 문화도 많이 바뀌고 있다. 최근에는 소셜네트워크서비스(SNS)를 **활용한** '스마트 채용'이 **등장했는데** 100대 기업 중 트위터 · 페이스북 · 블로그 등 소셜네트워크서비스를 이용하는 기업이 72%나 되었다. 회사 채용 홈페이지 외에도 페이스북을 통해 채용에 관한 자세한 정보를 제공하고 채용에 대한 문의 사항을 페이스북을 통해 지원자가 직접 회사에 질문할 수 있도록 만든 회사도 있다.

따라서 취업을 준비하는 사람들은 변화된 채용 문화에 맞춰 준비를 해야 할 것이다. 기회는 준비된 사람에게만 온다.

본문어휘

인성
사람의 성품.

겸비하다
두 가지 이상을 함께 갖고 있다.

예측하다
미리 짐작하다.

도입되다
기술, 방법 등이 끌려 들어가다.

변화
모양, 상태 등이 바뀌어 달라짐.

활용하다
충분히 잘 이용하다.

등장하다
세상에 처음으로 나오다.

제공하다
내주거나 갖다 바치다.

글을 읽고 대답해 보세요.

1. 면접의 종류가 다양해지고 면접이 강화된 이유는 무엇입니까?

2. 최근 들어 기업들이 이용하는 면접 방법으로는 어떤 것들이 있습니까?

3. '스마트 채용'에 대해 설명해 보십시오.

4. '좋은 사람'을 채용할 수 있는 방법에 대해 소개해 보십시오.

공채 公採
공개적인 방법으로
채용하는 것.

선발시험 選拔試驗
직무수행에 필요한 능력을
판단하기 위한 것으로 성취도
검사, 적성검사, 지능검사
등이 있음.

내부모집 内部募集
기업 내부에서 승진이나
전보 등의 과정을 거쳐 필요한
인력을 충원하는 것.

외부모집 外部募集
내부의 인력만으로 충분하지
못한 경우 외부로부터 인력을
채용하는 것.

심층 면접 深層面接
여러 명의 면접관이 한 명의 지
원자와 보는 면접.

집단 토론 면접
集團討論面接
집단 토론 과정을 통해
지원자들의 사고와 행동의
특성을 평가하는 면접.

블라인드 면접
blind 面接
면접시험관의 선입견을
없애기 위해 지원자의 출신
대학이나 전공 등의 이력 사항을
모르는 상태로 하는 면접.

압박 면접 壓迫面接
면접관들이 의도적으로
지원자의 약점을 파고드는
질문을 통해 지원자의 반응을
살펴보는 면접.

합숙 면접 合宿面接
1박 2일이나 2박 3일간 합숙을
하면서 이루어지는 면접.

1. 보기 에서 알맞은 단어를 골라 문장을 완성하십시오.

보기	겸비하다	도입되다	예측하다	제공하다

(1) 최첨단 기술이 국내에   통신 산업이 발전하고 있다.

(2) 새로 문을 연 쇼핑센터는 넓은 주차장과 놀이 시설을   .

(3) 우리 회사는 아침 7시부터 8시까지 아침 식사를 무료로   .

(4) 이번 신입 사원 모집에 500명 정도가 지원할 것으로   있다.

2. 관계있는 것끼리 연결하십시오.

(1) 이틀 동안 연수원에 머물면서 다른 지원자들과 게임도 하고 토론도 했다.   •   • 심층 면접

(2) 나를 포함한 3명의 지원자는 둥근 테이블에 모여 앉아서 SNS의 장단점에 대해 서로 이야기를 나누었다.   •   • 압박 면접

(3) 면접을 보러 갔는데 한 사람씩 방에 들어갔다. 네 명의 면접관이 나만 쳐다보고 질문을 해서 정말 긴장했다.   •   • 집단 토론 면접

(4) 면접을 봤는데 내가 이전에 다녔던 직장을 왜 그만두었는지, 내가 동료들과 잘 어울리지 못했는지 기분 나쁜 질문만 계속해서 좀 화가 났다.   •   • 합숙 면접

A/V-(으)며

두 가지 이상의 동작이나 상태 등을 나열할 때 씁니다. 명사와 함께 쓰일 때는 '-이며'로 사용합니다.

가 : 어떤 디자인을 원하시지요?

나 : 디자인이 단순하며 고급스러우면 좋겠습니다.

• 새집은 방이 넓으며 회사에서 가깝습니다.
• 우리 회사에서는 자신감이 있으며 성실한 직원을 채용하고 싶습니다.

1. 보기와 같이 문장을 완성하십시오.

보기 고향마트는 가격이 싸다
→ 고향마트는 가격이 싸며 종류가 많습니다.

(1) 여름에는 비가 자주 온다
→ 여름에는 _____.

(2) 김 팀장은 리더십이 있다
→ 김 팀장은 _____.

(3) 신제품은 기능이 다양하다
→ 신제품은 _____.

(4) 휴대전화로는 음악을 듣는다
→ 휴대전화로 _____.

A/V-(으)ㄴ/는 점

여러 속성 가운데 하나를
나타낼 때 씁니다.

가 : 직업을 구할 때 가장 중요하게
생각하는 것은 무엇입니까?

나 : 직업을 구할 때 가장 중요하게
생각하는 점은 적성입니다.

• 모든 일에는 좋은 점과 나쁜 점이 있습니다.
• 스마트폰을 사용할 때 좋은 점은 컴퓨터 없이 인터넷을 이용할 수 있다
는 거예요.

2. 보기와 같이 대화를 완성하십시오.

보기
가: 인터넷으로 쇼핑을 하면 무엇이 편리해요?
나: 인터넷 쇼핑이 편리한 점은 직접 가지 않아도 물건을 살 수 있다는 거예요.

(1) 가: 직장 생활을 할 때 무엇이 가장 힘들까요?
나: 직장 생활에서 가장   .

(2) 가: 다른 도시에서 혼자 살면 무엇이 불편합니까?
나: 혼자 살면   .

(3) 가: 사원을 뽑을 때 중요하게 생각하는 것은 무엇입니까?
나: 사원을 뽑을 때   .

(4) 가: 엘리베이터를 타지 않고 계단을 이용하면 무엇이 좋을까요?
나: 계단을 이용하면   .

N을/를 통해서

어떤 사람이나 사물을 매개로
한다는 것을 나타냅니다.

가 : 그 회사가 직원을 채용한다는 소
식을 어떻게 알았어요?

나 : 회사 홈페이지를 통해서 알았어요.

• 과장님을 통해서 회사생활을 배웁니다.
• 뉴스를 통해서 새로운 소식을 듣습니다.

3. 보기와 같이 대화를 완성하십시오.

> 보기
> 가: 역에 가지 않고 어떻게 기차표를 샀어요?
> 나: 인터넷을 통해서 샀어요.

(1) 가: 이 회사는 어떻게 직원을 채용합니까?
　　나: ＿＿＿＿＿＿＿＿＿＿ 채용합니다.

(2) 가: 어떻게 우리 회사를 알게 되었습니까?
　　나: ＿＿＿＿＿＿＿＿＿＿ 알게 되었습니다.

(3) 가: 면접 결과는 어떻게 확인할 수 있습니까?
　　나: ＿＿＿＿＿＿＿＿＿＿ 확인할 수 있습니다.

(4) 가: 어떻게 인터넷을 회사 홍보에 활용할 수 있습니까?
　　나: ＿＿＿＿＿＿＿＿＿＿＿＿＿＿ 할 수 있습니다.

💬 **다음은 회사 면접관이 자주 하는 질문입니다.**

> • 자신의 장점과 단점을 말해 보십시오.
> • 10년 후 자신의 모습을 말해 보십시오.
> • 우리 회사에 지원한 이유를 말해 보십시오.
> • 자신이 이 회사의 직원이 될 만한 이유를 말해 보십시오.
> • 자신의 전공은 무엇이며, 그것이 이 회사와 어떤 관계가 있다고 생각되는지 말해 보십시오.

1. 여러분이 지원자라면 면접관의 질문에 어떤 대답을 하겠습니까?

> • 저의 장점은 _____.
>   저의 단점은 _____.
>
> • 10년 후 저의 모습은 _____.
>
> • 제가 이 회사를 지원한 이유는 _____.
>
> •
>
> •

2. 여러분이 사원을 채용하려는 회사의 면접관이라면 지원자에게 어떤 질문을 하겠습니까? 면접관이 되어 질문을 만들어 봅시다.

> •
>
> •
>
> •

다음을 읽고 물음에 답하십시오.

1. 다음 글의 내용과 같으면 O, 다르면 X 하십시오.

김수영 귀하

채용 내정 통지

지난달 실시한 신입사원 채용 전형 결과, 귀하를 당사 마케팅부에 채용하기로 결정했습니다. 이에 11월 1일부터 당사에서 근무하게 되었음을 알려 드립니다. 이에 입사 절차와 담당 업무에 대한 오리엔테이션을 아래와 같이 실시하오니 반드시 참석해 주시기 바랍니다.

1. 일시 : 10월 30일 오전 10시 (오후 5시 종료 예정)
2. 장소 : 본사 인사부 회의실
3. 휴대품 : 필기도구
4. 오리엔테이션 내용 : ① 입사 절차 및 서류 작성법에 대한 설명
                          ② 회사 규칙에 대한 설명
                          ③ 근무 장소 및 상사 소개
                          ④ 업무 내용과 업무 요령에 대한 설명

2013년 10월 17일
한국산업 주식회사
인사부장 한용준 드림

(1) 입사 서류를 작성하여 10월 30일까지 제출해야 한다. (　　　)
(2) 김수영 씨는 11월 1일부터 정식으로 출근하게 되었다. (　　　)
(3) 본사 인사부 회의실에서 오리엔테이션이 열릴 예정이다. (　　　)
(4) 오리엔테이션에 가면 입사 후에 어떤 일을 하게 되는지 알 수 있다. (　　　)

BUSINESS
KOREAN

임금

임금이란 기업이 노동자에게 일을 한 대가로 지급하는 돈을 말한다.

임금은 개인별로 다르며 기업의 경영 상태에 따라 달라진다.

임금에는 월급과 상여금, 성과급 등이 있다.

보통 기업에서는 노동자에게 한 달에 한 번씩 월급의 형태로 임금을 지급하는데

업무 형태에 따라 주급이나 시급으로 지급되기도 한다.

UNIT 05 임금

임금이란 노동자가 기업에서 일을 하고 받는 돈을 말한다. 임금은 직원의 능력이나 **경력**, 맡은 업무 내용, 근무 기간 등에 따라 달라진다. 또한 기업이 벌어들이는 돈과 기업의 경영 상태에 따라서도 그 액수가 달라진다.

임금의 종류에는 월급과 상여금, 성과급 등이 있다. 월급이란 노동자가 한 달 동안 일을 하고 받는 돈이다. 월급의 내용을 상세하게 기록한 것을 급여 명세서라고 한다. 급여 명세서의 항목을 살펴보면 정해진 시간만큼 일을 해서 받는 기본급이 있고 그 외에 여러 가지 수당이 있다. 수당에는 기계나 컴퓨터 등과 관련된 일을 하는 직원에게 주는 수당인 기술 수당, 영업직 사원에게 주는 영업 수당 등이 있다. 또한 밤에 일을 한 직원에게 주는 야근 수당과 휴일에 일하는 직원에게 주는 휴일 근무 수당이 있다.

상여금이란 기업이 목표로 정한 매출액 이상의 **성과**를 거뒀을 때 월급과는 별도로 주는 돈을 말한다. 상여금은 회사의 규모나 경영 상태에 따라 **지급하는** 횟수가 달라지기도 한다. 원래 상여금

은 회사가 이익을 냈을 때만 직원들에게 나눠 주는 것에서 시작되었는데 최근에는 성과에 관계없이 연봉의 일부가 되어 사원들에게 지급되기도 한다.

　성과급은 다른 말로 인센티브라고 하는데 기업주의 마인드에 따라 지급될 수도 있고 그렇지 않을 수도 있다. 보통 기업에서는 사원들이 100만큼의 일을 하면 거기에 맞는 월급을 **보상**으로 준다. 그런데 만약에 사원들이 150만큼의 일을 했다면 이에 대한 보상은 어떻게 해야 할까? 이때 50을 회사가 모두 가져가 버리면 사원들의 일에 대한 **의욕**이 사라질 뿐만 아니라 **능률**도 떨어질 수 있다. 열심히 일을 해도 100만 원을 받고, 열심히 일하지 않아도 100만 원을 받게 된다면 열심히 일할 필요가 없는 것이다. 따라서 성과급은 사원들에게는 더 열심히 일할 동기가 되기도 한다.

본문어휘

경력
어떤 사람이 일을 처음 시작한 후부터 현재까지 한 일에 대한 경험.

성과
어떤 일을 해서 이루어낸 결과.

지급하다
돈이나 물건을 정해진 양만큼 다른 사람에게 주다.

보상
원하는 것을 얻기 위해 다른 대상에게 주는 물건이나 칭찬.

의욕
어떤 것을 하려고 하는 적극적인 마음 상태.

능률
일정한 시간 안에 할 수 있는 일의 비율 또는 일이 진행되는 상태.

글을 읽고 대답해 보세요.

1. 위 글의 내용과 같으면 O, 다르면 X를 하십시오.

　(1) 성과급은 근무 기간에 따라 정해진다. (　　　)

　(2) 직원이 얼마나 오랫동안 기업에서 근무했느냐는 임금을 정하는 가장 중요한 요소이다. (　　　)

2. 임금의 종류에는 무엇이 있으며 각각의 차이점은 무엇인지 요약해 보십시오.

3. 위 글에 소개된 임금의 종류 이외에 또 어떤 임금이 있으면 좋겠습니까?

기본급 基本給

각각의 노동자에게 일을 한 대가로 주는 돈 중에서 가장 기본이 되는 임금.

수당 手當

정해진 기본급 외에 특별한 사유에 따라 받을 수 있는 돈. 밤 10시부터 새벽 6시 사이에 근무할 경우 지급되는 야근 수당, 휴일에 근무할 경우 지급되는 휴일 근무 수당, 법에서 정한 근로 시간 이상을 근무할 경우 지급되는 시간 외 근로 수당 등이 있음.

연봉 年俸

일 년 동안에 받는 임금의 총액. 연봉에는 기본급과 상여금이 포함되어 있고 기업에 따라 퇴직금을 연봉에 포함시켜 지급하기도 함.

시급 時給

노동자에게 한 시간을 기준으로 일한 시간만큼 계산해서 주는 돈.

주급 週給

노동자에게 일주일을 단위로 임금을 계산해서 주는 돈.

퇴직금 退職金

회사를 그만두는 직원에게 기업이 주는 돈.

연공급 年功給

개인의 학력, 자격, 나이, 근무한 햇수 등의 기준에 따라 수준을 정하는 임금 체계.

직무급 職務給

사원이 맡고 있는 일의 질과 양에 따라 가치를 평가하고, 일의 등급에 따라 수준을 결정하는 임금 체계. 개개의 노동자들 사이에서 나타나는 노동력의 차이에 알맞은 임금을 지급하는 것.

1. 보기 에서 알맞은 단어를 골라 문장을 완성하십시오.

| 보기 | 경력 | 보상 | 성과 | 의욕 |

(1) 성과급 제도를 실시한 다음부터 직원들의   이/가 눈에 띄게 높아졌다.

(2) 올해는 업무   이/가 좋은 직원을 대상으로 상여금을 더 많이 지급할 계획이다.

(3) 김 대리는 나이는 나보다 많지만 마케팅에 관련된 일을 한   은/는 나보다 짧다.

(4) 남들보다 더 열심히 일한 직원은 그에 맞는 적절한   을/를 받아야 한다고 생각한다.

2. 관계있는 것끼리 연결하십시오.

(1) 수당 •   • 편의점에서 아르바이트를 하는 영수는 한 시간에 4,000원을 아르바이트비로 받는다.

(2) 시급 •   • 이번 달에는 휴일 근무와 야근을 한 날이 많아서 다른 달에 비해서 월급이 많이 나왔다.

(3) 연공급 •   • 우리 회사에 입사한 지 가장 오래된 김 부장님은 연봉이 높은 직원 중의 한 분이다.

(4) 직무급 •   • 자신의 기술이 누구보다도 뛰어나다고 생각하는 김 과장은 스스로 연봉을 많이 받을 만하다고 생각하고 있다.

V-아/어 버리다

어떤 행동이 완전히 끝나서 아무것도 남지 않았거나 부담을 덜게 되었을 때 또는 아쉬움이 남게 되었을 때 사용합니다.

가 : 오늘 친구 만난다고 하지 않았어요?
왜 이렇게 일찍 들어와요?

나 : 약속 시간보다 늦게 갔더니 친구가 기다리지 않고 가 버렸어요.

• 돈을 다 써 버려서 생활비가 없어요.
• 영어 시험에 떨어져서 승진 기회를 놓쳐 버렸어요.

1. 보기와 같이 대화를 완성하십시오.

> 보기
> 가: 빵이 많았는데 하나도 없네요.
> 나: 네, 미영 씨가 조금 전에 다 먹어 버렸어요.

(1) 가: 오늘 왜 회의에 늦었어요?
    나: 일이 좀 밀려서 늦게 잤더니 늦잠을 　　　　　　　　　　　　.

(2) 가: 왜 그렇게 얼굴이 안 좋아 보여요?
    나: 발표 자료를 저장한 유에스비(USB)를 　　　　　　　　　　　　.

(3) 가: 영수 씨, 그저께부터 계속 야근이네요.
    나: 네, 과장님께서 시키신 일을 오늘까지 　　　　　　　　　　　　.

(4) 가: 신제품에 관한 아이디어 좀 내 주세요. 왜 그렇게 조용해요?
    나: 죄송합니다. 하루 종일 회의를 했더니 힘이 　　　　　　　　　　　　.

A-다면 / V-ㄴ/는다면

불확실하거나 실현 가능성이 낮은 상황이나 상상에 대한 가정을 표현할 때 사용합니다. '만약에, 만일에'와 함께 자주 사용됩니다. 명사의 경우에는 '(이)라면'과 함께 결합하여 사용합니다.

가 : 만약에 복권에 당첨된다면 뭘 하고 싶어요?

나 : 가족들과 세계 여행을 가고 싶어요.

• 만약에 내년에도 한국에 온다면 꼭 저에게 연락하세요.
• 만일 우리 회사에서 일하게 된다면 어느 부서에서 일하고 싶습니까?

2. 보기와 같이 대화를 완성하십시오.

보기
가: 만약에 10년 전으로 돌아간다면 가장 먼저 뭘 할 거예요?
나: 어학연수를 반드시 다녀올 거예요.

(1) 가: 부서를 [   ] 어느 부서로 가고 싶어요?

나: [   ] .

(2) 가: 사장님을 [   ] 무슨 얘기를 하고 싶어요?

나: [   ] .

(3) 가: 만약 내일 지구가 [   ] 지금 뭘 하고 싶어요?

나: [   ] .

(4) 가: 진숙 씨는 이름을 [   ] 무엇으로 바꾸고 싶어요?

나: [   ] .

V-게 되다

어떤 상황이 처음과 다르게 변하거나 어떤 이유 때문에 새로운 일이 일어났을 때 사용합니다.

가 : 어떻게 그 회사에서 일하게 되셨습니까?

나 : 교수님께서 추천해 주셔서 일하게 됐습니다.

• 중국으로 발령이 나서 내년부터 베이징에서 살게 됐어요.
• 처음에 한국에 왔을 때는 한국어를 잘 못했는데 지금은 한국 사람처럼 할 수 있게 됐어요.

3. 보기와 같이 대화를 완성하십시오.

보기
가: 왜 이사를 가려고 해요?
나: 갑자기 월세가 올라서 이사를 가게 됐어요.

(1) 가: 오늘 몇 시에 퇴근해요?
   나: 좀 늦을 거예요. 왕단 씨가 출장을 가서 제가 왕단 씨 일까지 _____.

(2) 가: 오늘 회식에 갈 거지요?
   나: 미안해요. 갑자기 야근할 일이 생겨서 회식에 _____.

(3) 가: 이 회사에 어떻게 취직했어요?
   나: 친구의 소개로 _____.

(4) 가: 이분은 영업부에 새로 오신 김지훈 과장님이십니다.
   나: 반갑습니다. 오늘부터 영업부에서 _____.

❗ 다음은 문화상사에서 근무하는 김영수 씨의 급여 명세서입니다. 친구와 함께 이야기해 보십시오.

급여 명세서

부서	이름
영업부	김영수

	기본급	직급 수당	기술 업무 수당	시간 외 수당	식대	교통 수당
지급액	1,470,400	50,000	65,000	496,080	120,000	100,000
	상여금	당직비	가계 지원비			
	250,000	10,000	548,160			

	근로 소득세	주민세	국민 연금	건강 보험	고용 보험
공제액	72,390	4,820	131,560	87,820	13,100

지급 총액	공제 총액	수령액
3,109,640	309,690	2,799,950

1. 김영수 씨의 급여 중 국가에 내야 하는 세금은 얼마입니까?

2. 김영수 씨가 기본적으로 받게 되는 급여 외에 추가로 일을 해서 받게 되는 돈은 얼마입니까?

3. 김영수 씨가 이 달에 받게 될 월급은 얼마입니까?

다음 글을 읽고 물음에 답하십시오.

1. 다음 글의 내용과 <u>다른</u> 것을 고르십시오.

시간 외 근무 수당 지급 내역

사원 번호	부서	시급	일급	야간 근무 수당	휴일 근무 수당	시간 외 근무 수당 계
J1001	인사팀	6,900	55,200	6,900 (2시간)	82,800 (1일)	89,700
J1008	인사팀	9,300	74,400	–	446,400 (4일)	446,440
J1018	총무팀	6,900	55,200	–	165,600 (2일)	165,600
J1022	전산팀	10,200	81,600	15,300 (3시간)	244,800 (2일)	260,100
J1032	홍보팀	6,500	52,000	6,500 (2시간)	–	6,500
J1056	재무팀	9,300	74,400	–	111,600 (1일)	111,600
						계: 1,079,900

비고
- 일급은 8시간을 기준으로 한다.
- 평일 야간 근무 수당은 기본 시급의 50%를 기준으로 한다.
- 휴일 근무 수당은 기본 시급의 150%를 기준으로 하며, 휴일 야간 근무의 경우 기본 시급과 동일하게 적용한다.

① 시간당 근무 수당은 부서에 따라 다르다.
② 평일 낮과 휴일 밤의 시간당 근무 수당은 동일하다.
③ 전산팀에서 근무하는 사람이 기본급을 가장 많이 받는다.
④ 휴일 낮에 일을 하는 경우 근무 수당이 평일 야간보다 높다.

2. 사원번호 J1008번 직원이 일요일에 출근해서 다섯 시간 동안 근무를 했다면 휴일 근무 수당은 얼마인가?

UNIT
06

BUSINESS
KOREAN

시장조사

시장조사에는 상품조사, 소비자조사, 광고조사 등 많은 내용이 포함된다.

시장조사를 할 때는 회사를 중심으로 생각하지 않고 소비자를 중심으로 생각하고 정확하게 분석하는 것이 중요하다.

사회자 안녕하세요? 이번 시간에는 성공적인 시장조사에 대해 알아보려고 하는데요. 마케팅 전문가 안경제 교수님을 모시고 말씀을 들어 보겠습니다. 안녕하십니까, 교수님?

교 수 네, 안녕하세요?

사회자 교수님, 오늘 이 시간에는 성공적인 시장조사에 대해서 말씀해 주신다고 했는데 여기에서 말하는 시장조사란 무엇입니까?

교 수 네, 시장조사란 상품과 마케팅에 관련된 자료를 **모아서** 과학적으로 **분석하는** 것을 말합니다. 이러한 시장조사를 하는 이유는 기업이 소비자의 **선호도**를 정확하게 알아서 소비자들에게 더 많은 제품을 판매하는 것이 중요하기 때문입니다. 하지만 기업들이 충분한 자료를 가지고 상품을 기획하거나 마케팅 계획을 **세웠는데도** 불구하고 결과가 예상과 다르게 나와서 실패하는 경우가 많습니다. 최근에 '사골 국물 라면'으로 **이슈**가 된 회사를 아시지요?

사회자 아, 건강에 좋은 라면으로 광고를 한 회사 말씀이시죠?

교 수 네, 맞습니다. 이 회사는 시장조사 결과, 건강에 좋은 라면은 **수요가** 높을 거라고 **예상했습니다.** 그러나 신제품 라면은 사람들에게 **비난**을 받고 **생산**을 **잠정적**으로 **중단**하게 되었습니다. 무엇이 문제였을까요?

사회자 글쎄요. 정확한 이유는 잘 모르지만 아마 가격 때문일걸요? 사골 국물 라면은 일반 라면보다 가격이 비쌌잖아요.

교 수   그렇죠. 이 회사는 시장조사를 통해 건강에 좋다면 라면 가격이 비싼데도 불구하고 사람들이 많이 살 거라고 예상했습니다. 그래서 사골 국물 라면의 가격을 높게 정했죠. 하지만 사람들은 싼 값으로 한 **끼**의 식사를 해결해 주는 것이 바로 라면이라고 생각합니다. 여기에서 회사와 소비자의 생각이 다르다는 것을 알 수 있죠. 그리고 사람들은 사골 국물 라면의 가격이 비싼 만큼 **영양**도 풍부할 거라고 생각했습니다. 그러나 사골 국물 라면과 일반 라면의 영양은 큰 차이가 없었습니다. 따라서 소비자들은 그 회사에 실망하게 되었고 라면 소비량도 점점 **줄어들게** 되었습니다. 이러한 문제는 시장조사 과정에서 기업이 소비자 중심으로 생각하지 않고 회사 중심으로 생각했기 때문이라고 볼 수 있습니다. 그러므로 시장조사에서 중요한 것은 회사 중심이 아닌 소비자 중심으로 생각하고 분석하는 것입니다.

사회자   그렇군요. 오늘은 안경제 교수님을 모시고 '시장조사'에 대한 말씀을 들어 봤습니다. 여러분께 아주 유익한 시간이 되었을 것이라고 생각합니다. 교수님, 오늘 말씀 감사합니다.

글을 읽고 대답해 보세요.

1. 시장조사란 무엇입니까?

2. 라면에 대한 라면 회사의 생각과 소비자의 생각이 어떻게 다른지 설명해 보십시오.
   • 라면 회사 :
   • 소비자 :

3. 성공적인 시장조사를 하는 데 가장 중요한 것이 무엇입니까?

4. 여러분은 어떤 제품에 관심이 있습니까? 그 제품의 시장에 대해 얼마나 알고 있습니까?

본문어휘

모으다
따로 있는 것을 합하다.

분석하다
복잡한 것을 여러 가지로 나누어 설명하다.

선호도
여럿 중에서 어떤 것을 특별히 더 좋아하는 정도.

세우다
계획, 결심을 확실히 정하다.

이슈
논쟁의 중심이 되는 문제.

수요
제품에 대한 사회의 요구.

예상하다
앞으로 있을 일을 생각하다.

비난
다른 사람의 잘못에 대해 나쁘게 말함.

생산
필요한 물건을 만듦.

잠정적
기간을 정하지 않은 잠시 동안.

중단하다
중간에 멈추거나 그만두다.

끼
아침밥, 점심밥, 저녁밥과 같이 매일 정해진 시간에 먹는 밥.

영양
생물이 살아가는데 필요한 물질.

줄어들다
수나 양이 원래보다 적어지다.

시장조사 市場調査
상품 및 마케팅과 관계있는 모든 자료를 모아서 과학적으로 분석하는 일.

소비자조사 消費者調査
시장조사에 포함되는 것으로 소비자의 구매 동기, 소비 방법, 좋아하는 브랜드 등을 알기 위해 조사하는 것.

시장분석 市場分析
시장조사의 일부로, 어떤 상품의 판매 방법, 소비자의 수준, 판매 수량을 충분히 알기 위해 여러 가지 자료를 모으고 분석하는 일.

소비시장조사
消費市場調査
지역별 수요나 남녀·연령·직업 등의 시장을 구분하여 조사하는 것.

소비행동조사
消費行動調査
구입의 목적이나 시기·장소 등 소비자의 행동을 조사하는 것.

상품조사 商品調査
시장조사에 포함되는 것으로 현재 매장에서 잘 팔리는 상품이 무엇인지를 조사하고, 그 상품의 수량, 디자인의 특징, 상품에 대한 소비자의 태도 등에 관해서 조사하는 것.

구매동기조사
購買動機調査
소비자가 왜 상품을 샀는가를 과학적으로 조사하는 것. 소비자의 상품 구매 이유를 알면 회사는 판매율을 높일 수 있음.

광고조사 廣告調査
광고 활동의 계획, 효과 등을 알기 위해 조사하는 것.

시장점유율 市場占有率
경쟁 시장에서 어떤 상품의 총판매량 중 한 기업의 상품이 차지하는 비율.

1. 보기에서 알맞은 단어를 골라 문장을 완성하십시오.

보기   모으다   분석하다   세우다   예상하다   중단하다

(1) 이번 여름의 휴가 계획은 　　　　　　?

(2) 발표자는 복잡한 표를 하나하나 　　　　　　 우리에게 설명해 주었다.

(3) 곧 신제품이 생산 단계에 들어가니 구형 모델의 생산은 　　　　　.

(4) 우리 공장은 우유갑을 　　　　　　 재활용 화장지를 만드는 일을 합니다.

(5) 손목 시계형 스마트폰의 반응이 이렇게 좋을 줄 아무도 　　　　　 못했다.

2. 관계있는 것끼리 연결하십시오.

(1) 전체 휴대 전화 판매량 중 우리 회사의 휴대 전화 판매량이 얼마를 차지하는지 알아보았다. •   • 구매동기조사

(2) 매장에서 어떤 화장품이 잘팔리는지, 판매량은 어느 정도인지, 어떤 디자인이 인기가 많은지 조사하였다. •   • 상품조사

(3) 신제품 출시를 위해 기존의 인기 상품을 구매한 소비자들을 대상으로 상품 구매 이유를 조사하였다. •   • 광고조사

(4) 라면 회사의 광고 모델을 국민 배우 이민국 씨로 교체한 후 라면 판매량이 작년보다 1.5배 상승하였다. •   • 시장점유율

A/V-(으)ㄴ/는데도 불구하고

앞의 사실과 관계없이 뒤의 사실이 일어남을 표현할 때 사용합니다. 뒤에는 앞과 반대 혹은 예상·기대와는 다른 사실이 오며 '불구하고'를 생략해서 사용하기도 합니다. 명사형과 함께 쓸 때에는 'N에도 불구하고'로 사용합니다.

가 : 면접시험은 잘 봤어요?

나 : 아니요, 열심히 준비했는데도 불구하고 못 본 것 같아요.

• 비가 오는데도 불구하고 야외에서 행사를 진행했습니다.
• 바쁘신데도 불구하고 이렇게 참석해 주셔서 감사합니다.

1. 보기 와 같이 대화를 완성하십시오.

보기
가: 발표는 잘했어요?
나: 아니요, 정말 열심히 준비했는데도 불구하고 잘 못한 것 같아요.

(1) 가: 계약서를 아직도 못 찾았어요?
　　나: 네, 사무실을 다 　　　　　　　　　　　 없었어요.

(2) 가: 아침에 제일 먼저 출근하는 사람이 누구예요?
　　나: 집이 　　　　　　　　　 철수 씨가 제일 먼저 출근합니다.

(3) 가: 이 제품은 너무 비싸서 잘 안 팔릴 것 같아요.
　　나: 아니요, 가격이 　　　　　　　　　 디자인이 예뻐서 잘 팔려요.

(4) 가: 그 회사는 별로 유명하지 않은데 입사하려는 사람들이 많네요.
　　나: 　　　　　　　　　　　　　　　　　　　　　 .

N와/과 다르게/달리

두 개의 명사를 비교할 때 사용하는 것으로, '어떤 것과 같지 않다, 차이가 있다'의 의미를 나타냅니다.

가 : 신제품의 특징이 뭡니까?

나 : 이 로봇 청소기는 기존 제품과 달리 소음이 거의 없습니다.

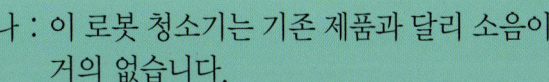

• 김 부장님은 소문과 달리 아주 자상하시더군요.
• 일이 계획과 다르게 진행될 때는 바로 보고하세요.

2. 보기와 같이 대화를 완성하십시오.

보기
> 가: 일본 자동차에도 운전석이 왼쪽에 있어요?
> 나: 아니요, 　한국과 달리　 일본은 운전석이 오른쪽에 있어요.

(1) 가: 오늘도 늦게까지 일해야 해요?
　　나: 아니요, 오늘은 　　　　　　　　　　　　　　　　.

(2) 가: 새로 오신 과장님은 어때요? 무섭다는 소문이 있던데요.
　　나: 아니요, 　　　　　　　　　　　　　　　　.

(3) 가: 경쟁사에서 새로 나온 신제품이 어때요? 광고에서처럼 옷이 정말 하얗게 돼요?
　　나: 아니요, 　　　　　　　　　　　　　　　　.

(4) 가: 이 복사기 사용법이 왜 이렇게 복잡하지요? 보기에는 사용하기 쉬울 것 같은데.
　　나: 　　　　　　　　　　　　　　　　.

A/V-(으)ㄹ걸(요)

어떤 사실에 대한 추측을 나타낼 때 사용하고, 주로 대화에서 상대방의 말을 듣고 대답할 때 씁니다. 추측을 나타내는 '-(으)ㄹ 거예요'와 바꿔 사용할 수 있습니다.

가 : 오늘 백화점에 사람이 많을까요?

나 : 세일 기간이니까 아마 사람들이 많을걸요.

• 내일 워크숍에 김 대리는 아마 못 올걸요.
• 미라 씨는 컴퓨터를 전공했으니까 이 작업을 할 수 있을걸요.

3. 보기 와 같이 대화를 완성하십시오.

> 보기 가: 영국에서 오는 바이어가 한국 음식을 좋아할까요?
> 나: 한국에 몇 번 와 봤으니까 좋아할걸요.

(1) 가: 비행기가 도착했을까요?
   나: 지금 10시지요?   .

(2) 가: 이 과장님을 만나러 총무부에 가려고 해요.
   나: 6시가 넘었으니까   .

(3) 가: 제품 샘플을 퀵 서비스로 보냈다고 하는데 아직 안 오네요.
   나: 지금 퇴근시간이니까 길이   .

(4) 가: 다음 주에 베트남으로 출장을 가는데, 거기 날씨도 한국과 비슷할까요?
   나: 글쎄요.   .

❗ 다음 사업 중 성공할 가능성이 있다고 생각되는 것을 골라서 보기와 같이 이야기해 보십시오.

> (가) 채식주의자를 위한 식당을 열려고 합니다.
> (나) 한국의 화장품을 수입해서 여러분 나라에서 판매하려고 합니다.
> (다) 어린이들을 위한 스마트폰을 만들려고 합니다.
> (라) 노인 전용 아파트를 지으려고 합니다.

1. 이 사업을 왜 하려고 합니까?

2. 이 사업의 경쟁 사업은 무엇이라고 생각합니까?

3. 시장조사는 어떻게 하겠습니까?

보기

채식주의자를 위한 식당을 열려고 합니다.
한국에는 채식주의자를 위한 식당이 거의 없기
때문에 채식주의자들이 밖에서 음식을 먹을 때
많은 어려움이 있습니다. 식당을 열려면 먼저 채식
메뉴를 개발해야 할 것입니다. 또한 다른 식당을
조사하고 그 식당의 좋은 점, 고쳐야 할 점 등을
알아보는 것이 좋을 것 같습니다.

❗ 다음 내용과 같은 것을 골라 O 하십시오.

2013 하반기 휴대폰 시장분석

휴대폰 시장 '맑음'

- 원화 약세, 가격 경쟁력
- 우수한 디자인
- 고용량 메모리 가격 인하

휴대폰 시장 '흐림'

- 세계적인 경기 침체
- 소비 심리 위축
- 대다수의 소비자가 다기능 휴대폰 보유

1. 불경기인데도 불구하고 이 회사의 휴대폰 구매율은 꾸준히 높아질 것이다.　　(　　)

2. 저렴한 가격의 메모리가 이 회사의 휴대폰 시장에 긍정적 영향을 줄 것이다.　　(　　)

3. 달러의 가격이 오르면 이 회사는 외국 회사와 가격 경쟁력에서 유리하다.　　(　　)

4. 판매 중인 휴대폰의 다양한 기능이 고객들의 구매 욕구를 저하시킬 것이다.　　(　　)

벤치마킹

벤치마크(benchmark)란 원래 강물의 높이를 재려고 만든 기준점을 말하는 것이며,
그것을 세우는 것을 벤치마킹이라고 불렀다. 경영에서의 벤치마킹(benchmarking)이란 다른 회사의
뛰어난 점을 찾고 분석하여 그것을 자기 회사에 맞게 활용하는 것을 말한다.

벤치마크(benchmark)는 **원래** 강물의 높이를 재려고 만든 **기준점**을 말하는 것이다. 그리고 그 것을 세우는 것을 벤치마킹(benchmarking)이라고 불렀다. 그럼 회사에서 '벤치마킹'이란 말은 언제부터 사용했을까?

미국의 복사기 회사인 제록스(Xerox)사는 세계 복사기 시장에서 80%의 점유율을 **차지하고** 있었으나 1970년대에 일본 회사 때문에 35%로 떨어지고 말았다. 제록스사는 시장 점유율이 더 떨어질까 봐 이를 높일 수 있는 방법을 찾기로 했다. 그래서 경쟁 회사인 캐논(Canon)의 제품은 물론 다른 회사의 제품도 **연구하고** 자사 제품과 **비교하였다**. 그 결과 다른 회사의 **장점**을 알아내고, 그 장점을 **자사**에 맞게 새로운 방법으로 **적용하게** 되었다. 이것이 회사에서 사용한 벤치마킹의 시작이었다.

이처럼 벤치마킹이란 **경쟁력**이 높은 회사의 장점을 찾아서 자기 회사에 맞게 **활용하는** 것이다. 벤치마킹은 경쟁 회사와의 비교로만 이루어지는 것이 아니고, 자사 내 다른 부서, 자사 제품과 전혀 다른 회사와 비교, 연구를 통해서 이루어지기도 한다.

이러한 벤치마킹의 성공을 잘 보여 주는 회사가 바로 네스프레소이다. 네스프레소는 커피머신의 대중화를 목표로 많은 노력을 했는데 그 노력 중의 하나는 바로 경쟁 회사가 아닌 고급 화장품 회사를 벤치마킹한 것이었다. 고급 화장품 회사들은 매장에서 고객들에게 화장품을 직접 사용할 수 있는 기회를 준다. 그리고 이러한 기회가 매출로 이어지도록 많은 노력을 한다. 이와 같이 네스프레소도 전 세계 유명 백화점에 매장을 열어 고객들에게 커피를 시음할 수 있는 기회를 주었다. 이 시음의 기회가 매출로 이어져 네스프레소의 매출은 30~40% 정도 올랐다.

벤치마킹의 목적은 경쟁력을 향상시키는 것이다. 이를 위해 다른 회사의 제품과 업무 과정을 연구하고 분석한다. 그러나 무조건 벤치마킹할 수는 없다. 무엇을 벤치마킹할 것인가 하는 것은 회사의 목표, 경쟁력, 환경 등을 잘 생각해서 결정해야 한다.

글을 읽고 대답해 보세요.

1. 벤치마크는 원래 무엇을 뜻하는 것입니까?

2. 위 글에서 '벤치마킹'이란 용어를 정의한 부분을 찾아 쓰십시오.

3. 네스프레소와 화장품 회사들은 어떤 방법으로 매출을 올렸습니까?

4. 만일 여러분이 벤치마킹한다면 어느 기업에 대해 조사하겠습니까? 그 이유는 무엇입니까?

경쟁자 벤치마킹

競爭者 benchmarking

같은 고객에게 판매하는 경쟁 회사를 벤치마킹하는 것.

내부 벤치마킹

內部 benchmarking

자회사의 다른 부서 또는 같은 회사이지만 서로 다른 지역(국가)에 위치한 회사 등을 벤치마킹하는 것.

기능 벤치마킹

機能 benchmarking

경영관리, 고객 서비스, 종업원 훈련 등 여러 부분에서 가장 뛰어난 회사들을 벤치마킹하는 것. 프로세스 벤치마킹이라고도 함.

리엔지니어링

re-engineering

비용, 품질, 서비스 등을 향상시킬 수 있게 회사의 조직 구조와 업무 방법의 계획을 새롭게 세우는 것을 말함.

벤치마킹 프로세스

benchmarking process

① 벤치마킹 주제 선정
   – 무엇을 벤치마킹해야 하는가?
② 프로세스 분석
   – 우리는 어떻게 하고 있는가?
③ 벤치마킹 대상 선정
   – 누구를 벤치마킹할 것인가?
④ 벤치마킹 실시
⑤ 결과 분석 및 적용
   – 우리는 어떻게 실행해야 하는가?

1. 보기 에서 알맞은 단어를 골라 문장을 완성하십시오.

> 보기   경쟁력   비교하다   장점   적용하다   차지하다

(1) 우리 회사는 남자 사원이 전체의 70%를 [   ].

(2) 우리 회사는 제품 생산에 새로운 기술을 [   ] 생산율을 높였다.

(3) 값싼 수입 제품 때문에 우리 회사 제품의 가격 [   ] 이/가 떨어지게 되었다.

(4) 다음 주 회의에서는 개발 중인 신제품과 경쟁사의 제품을 [   ] 발표해 주시기 바랍니다.

(5) 이 제품의 [   ] 은/는 경쟁 회사의 제품과 달리 가격도 저렴하고 오래 사용할 수 있다는 것입니다.

2. 관계있는 것끼리 연결하십시오.

(1) 커피숍을 열려고 손님이 많은 다른 커피숍 매장의 인테리어와 메뉴를 알아보았다.   •   • 내부 벤치마킹

(2) 주요 고객층이 주부인 전자 제품 회사가 특별한 고객 응대 방법으로 성공한 채소 가게에 대해서 조사하였다.   •   • 경쟁자 벤치마킹

(3) 전 지점 영업 사원들의 성과를 높이기 위해서 상위 20%에 있는 영업 사원들의 전략, 성공 비결을 살펴보았다.   •   • 기능 벤치마킹

A/V-기도 하다

가끔 그러한 경우도 있다고 말할 때 사용합니다.

가 : 부모님과 어떻게 연락을 하세요?

나 : 보통 전화를 하지만 메일을 쓰기도 해요.

• 한 달에 두 번 이상 해외 출장을 갈 때에는 힘들기도 해요.
• 저는 가끔 과장님과 전화로 업무 회의를 하기도 해요.

1. 보기와 같이 대화를 완성하십시오.

보기
가: 주말에 뭐 하세요?
나: 보통 집에서 쉬지만 가까운 곳으로 여행을 가기도 해요.

(1) 가: 뭐 타고 출근해요?
　　나: 보통 승용차로 출근하지만 _____ .

(2) 가: 홍보팀 일은 적성에 맞아요?
　　나: 물론이에요. 그런데 가끔 _____ .

(3) 가: 항상 회사 식당에서 밥을 먹어요?
　　나: 아니요, 가끔 _____ .

(4) 가: 거래처 업무는 항상 과장님이 직접 보시나요?
　　나: 아니요, 과장님이 바쁘실 때는 _____

A/V-(으)ㄹ까 봐(서)

어떤 일이 일어날 것을 걱정하여 미리 뒤의 행동을 할 때 사용합니다.

가 : 왜 전화기를 손에 들고 식사하세요?

나 : 중요한 전화를 기다리고 있는데 못 받을까 봐 손에 들고 있어요.

• 휴가철이라서 비행기 표가 없을까 봐 미리 표를 샀어요.
• 중요한 일을 잊어버릴까 봐 걱정만 하지 말고 메모하는 습관을 가져 보십시오.

2. 보기 와 같이 대화를 완성하십시오.

보기
가: 오늘 왜 이렇게 일찍 나가요?
나: 길이 막혀서 약속 시간에 늦을까 봐 그래요.

(1) 가: 커피를 많이 드시네요.
    나: 2시에 회의가 있는데   .

(2) 가: 여기 사은품도 받으세요.
    나: 어머, 다행이에요. 선착순이라고 해서   .

(3) 가: 왜 항상 일찍 출근하세요?
    나: .

(4) 가: 신제품의 판매율이 계속 높아지고 있대요.
    나: 참 잘됐네요. 경쟁사의 저가제품 때문에   .

V-고 말다

계획하지 않은 일이 일어났다는 것을 나타낼 때 사용합니다. '-고 말다'는 주로 원하지 않은 일이 발생한 것에 대한 안타까운 마음을 나타냅니다.

가 : 왜 이렇게 늦게 왔어요?

나 : 늦지 않으려고 택시를 탔는데 교통사고가 나서 늦고 말았어요.

• 부장님은 20년 동안 일해 온 회사를 떠나고 말았습니다.
• 열심히 노력했지만 승진 시험에 떨어지고 말았어요.

3. 보기와 같이 대화를 완성하십시오.

보기
가: 왜 그래요? 무슨 일 있어요?
나: 팀장님께서 주신 회의 자료를 잃어버리고 말았어요.

(1) 가: 왜요? 무슨 일 있어요?
　　나: 오늘까지 보고서를 내야 하는데 어젯밤에 잠을 ＿＿＿＿＿＿＿＿＿＿＿＿.

(2) 가: 얼굴 표정이 왜 안 좋아요?
　　나: 컴퓨터로 몇 시간 동안 작업한 문서를 저장하지 않고 ＿＿＿＿＿＿＿＿＿.

(3) 가: 이 팀 분위기가 왜 이래요?
　　나: 아이디어 공모전을 위해 두 달이나 준비했는데 ＿＿＿＿＿＿＿＿＿＿.

(4) 가: 이 대리, 오늘도 또 지각입니까?
　　나: 죄송합니다. 버스에서 자다가 정류장을 ＿＿＿＿＿＿＿＿＿＿.

여러분은 자동차 회사의 직원입니다. 만약 벤치마킹을 한다면 어떻게 하겠습니까? 계획을 세워 조사해 보고 보고서를 작성해 봅시다.

〈벤치마킹 보고서〉

목적	
벤치마킹할 대상	
조사 방법	
조사 내용	• • • •
회사에 적용할 점	• • • •

다음 글을 읽고 물음에 답하십시오.

> 벤치마킹에는 같은 회사의 다른 부서와 비교해 효율적 방법을 사용하는 내부 벤치마킹과 경쟁사와 비교하는 경쟁자 벤치마킹, 자사보다 뛰어난 회사를 대상으로 분석해 배우는 기능 벤치마킹 등이 있다.
>
> 그런데 이러한 벤치마킹을 단순 모방으로 잘못 생각하는 경우가 많다. 한 예로 IT서비스 회사인 A회사가 서비스 무료화를 시작해서 반응이 아주 좋았다. A회사는 이것 때문에 1위의 자리를 유지할 수 있었고, 경쟁사들과 비교해서 매출도 크게 올랐다. A회사가 서비스 무료화로 성공을 한 후에 경쟁사들도 서둘러 서비스 무료화를 실시했다. 하지만 A회사와 같은 성공을 할 수는 없었다. 오히려 서비스 무료화가 매출 감소로 이어져 어려워하는 회사도 많았다.
>
> 경쟁사들이 A회사와 같은 성공을 하지 못한 이유는 무엇일까? 바로 A회사의 서비스 무료화를 단순히 따라 했기 때문이다. A회사는 서비스 무료화에 따르는 매출이 떨어지지 않게 새로운 서비스를 개발했다. 하지만 경쟁사들은 이러한 것을 제대로 해놓지 않았기 때문에 매출이 떨어진 것이다.

1. 벤치마킹의 종류에는 어떤 것들이 있습니까?

2. 위 글의 내용과 같으면 O, 다르면 X 하세요.

    (1) 벤치마킹은 모방으로 볼 수 있다.   (   )
    (2) A회사는 서비스 무료화를 시작해 매출이 올랐다.   (   )
    (3) A회사를 따라한 다른 회사들도 서비스 무료화 이후 매출이 올랐다.   (   )

BUSINESS
KOREAN

계약, 주문

어떤 상품을 만들거나 파는 사람에게 그 상품의 생산이나 수송. 또는 서비스의 제공을 요구하는 것을 주문이라고 한다.
기업은 필요한 물품을 공급자에게 주문하고 계약서를 작성하게 된다. 발주자와 공급자 사이에 작성된 계약서는
두 기업 간에 계약이 성립되었음을 증명하며 이후에 발생하는 문제를 해결하는 기준이 된다.

UNIT 08 계약, 주문

계약은 대상과 대상을 교환하는 약속을 말한다. 근로계약, 임대차계약 등 우리 생활 전반에 걸쳐 모든 것이 계약으로 이루어져 있다고 할 수 있으나 기업체의 경우 발주자가 **요청한** 물품을 공급자가 **제공하고** 이에 대한 대가를 발주자가 지불하는 구매계약이 일반적이다.

구매계약은 회사의 제조, 서비스, 판매활동 등에 필요한 자재, 원료, 물품 등을 구입하는 계약으로 구매계약서에는 구입의뢰부터 입고 및 검수를 거쳐 대금의 지급과 구입물품의 이상발생에 대한 처리에 이르기까지 일련의 사항을 포함한다.

구매계약을 하게 되면 공급자는 발주자가 요청한 납기일까지 물품을 **납품하여야** 한다. 만약 공급자가 납기까지 납품할 수 없을 경우에 원인과 납품이 가능한 날짜를 발주자에게 알려 주어야 한다. 만일 납품을 지체하고도 사유서를 제출하지 않을 경우 발주자는 **해약할** 수 있다. 또한 공급자는 납품하는 물품이 운송 과정 중에 분실되지 않도록 단단히 **포장해야** 하며 발주번호, 포장 단위별 일련번호 등을 표시해 두어야 한다. 공급자는 납품을 완료하고 발주자의 검수 절차에 합격하면

대금지불을 **청구할** 수 있다. 납품완료 전이라도 발주자가 특히 필요하다고 인정할 경우 계약금액의 일부를 지급할 수 있다.

계약은 발주자와 공급자 서로에게 요구되는 의무 사항이다. 일단 성립된 계약에 대해서는 어떤 일이 있어도 **이행하여야** 한다. 계약의 불이행은 이미지 저하는 물론 경제적인 **타격**을 기업에 입히게 된다. 간혹 계약을 할 때 계약서에 나온 조항을 **꼼꼼히** 살펴보지 않고 서명하였다가 낭패를 보는 경우가 있다. 따라서 발주자와 공급자 간의 충분한 논의가 이루어진 후 계약서를 작성해야 할 것이다.

글을 읽고 대답해 보세요

1. 계약의 종류에는 무엇이 있습니까?

2. 구매계약서에는 어떤 내용이 포함됩니까?

3. 계약의 중요성에 대해 이야기해 보십시오.

본문 어휘

요청하다
필요한 어떤 일이나 행동을 청하다.

제공하다
무엇을 주거나 갖다 바치다.

납품하다
계약한 곳에 주문받은 물품을 가져다 주다.

해약하다
약속이나 계약을 깨뜨리다.

포장하다
물건을 싸다.

청구하다
돈이나 물건을 달라고 요구하다.

이행하다
실제로 행하다.

타격
어떤 일에서 손해를 봄.

꼼꼼히
빈틈이 없이 차분하고 조심스러운 모양.

계약서 契約書
계약이 성립되었음을 증명하기 위하여 작성하는 서류.

경쟁계약 競爭契約
다수인을 경쟁시켜 그 중 발주자에게 가장 유리한 내용을 제시하는 자를 공급자로 결정하는 계약 방식.

수의계약 隨意契約
경쟁 계약을 하지 않고 발주자가 가장 적합하다고 인정하는 자를 선정하는 계약 방식.

약관 約款
계약의 당사자가 상대편과 계약을 체결하기 위하여 일정한 형식에 의해 미리 마련한 계약 내용.

주문 내역 注文內譯
주문한 물품이나 금액 등의 내용.

주문서 注文書
물품 등의 주문에 관한 여러 가지 내용을 적은 글이나 문서.

사양서 仕樣書
내용이나 사용법 등을 설명한 글. 설명서라고도 함.

1. 보기 에서 알맞은 단어를 골라 문장을 완성하십시오.

보기	계약서	사양서	약관	주문서

(1) 물품을 사고팔 때는 반드시 매매 [_____] 을/를 써야 합니다.

(2) 이 프로그램을 설치하기 전에 다음 [_____] 에 동의해야 합니다.

(3) 새로 구입한 기계를 사용하기 전에 반드시 [_____] 을/를 읽고 내용을 숙지해야 합니다.

(4) 사무 용품에 대한 [_____] 을/를 발송하였으니 해당 물품을 수요일까지 보내 주시기 바랍니다.

2. 관계있는 것끼리 연결하십시오.

(1) 생산된 모니터를 주문한 업체에 가져다주었습니다.   •   • 납품하다

(2) 주문한 물품이 기간 내에 오지 않아서 계약을 취소했습니다.   •   • 청구하다

(3) 생산된 물품을 전달한 후 업체에 대금을 달라고 요청하였습니다.   •   • 포장하다

(4) 이 물품은 깨지기 쉬운 것입니다. 운반 도중에 깨지지 않도록 물품을 잘 싸야 할 것입니다.   •   • 해약하다

V-고도

앞의 행동으로 예상되는 것과 다른 결과가 나왔을 때 사용합니다. '-고도' 앞에는 과거를 나타내는 '-았-'이나 미래를 나타내는 '-겠-'과 같은 어미들을 쓸 수 없습니다.

가 : 납품 기일을 놓칠 뻔했네요. 주의해야겠어요.

나 : 네, 달력에 표시를 해 놓고도 못 봤습니다. 죄송합니다.

• 사람들은 계획을 세우고도 지키지 않을 때가 많습니다.
• 야근을 할 때에는 저녁을 먹고도 야식을 먹는 경우가 많습니다.

1. 보기와 같이 문장을 완성하십시오.

> 보기 직장 동료가 부르는 소리를 들었어요. 대답을 안 했어요.
> → 직장 동료가 부르는 소리를 듣고도 대답을 안 했어요.

(1) 주문서를 받았어요.   .

→   .

(2) 워크숍 장소를 정했어요.   .

→   .

(3) 휴가 신청서를 작성해 놓았어요.   .

→   .

(4) 신제품 개발 제안서를 써 놓았어요.   .

→   .

A/V-도록

뒤에 나오는 행동에 대한 목적을 나타낼 때 사용합니다. '-게'로 바꾸어 사용할 수 있습니다.

가 : 이 전화기는 글자판이 크네요.

나 : 네, 어르신들이 사용하기 편하도록 크게 만들었습니다.

• 손님들이 편하게 쉬시도록 부족한 게 없는지 잘 살펴보세요.
• 이 제품은 물에 넣어도 고장나지 않도록 방수 처리를 했대요.

2. 보기 에서 알맞은 단어를 골라 대화를 완성하십시오.

| 보기 | 보다 | 늦다 | 듣다 | 잊다 |

(1) 가: 과장님, 사원 체육대회 안내문입니다.

　　 나: 다른 사람들도 　　　　　　　　　　 게시판에 붙여 두세요.

(2) 가: 잘 안 들려요. 큰 소리로 말씀해 주세요.

　　 나: 알겠습니다. 뒤에 있는 사람도 　　　　　　　　　　 큰 소리로 말씀드리겠습니다.

(3) 가: 2시에 회의가 시작했는데 지금 오면 어떡합니까?

　　 나: 죄송합니다. 다음부터는 　　　　　　　　　　 하겠습니다.

(4) 가: 죄송합니다. 서류를 가지고 오는 것을 잊어버렸습니다.

　　 나: 다음부터는 　　　　　　　　　　 주의하세요.

V-아/어 두다

어떤 행동을 한 뒤의 상태나 결과가 그대로 유지되게 한다는 뜻을 나타냅니다. '-아/어 놓다'와 바꾸어 사용할 수 있습니다.

가 : 창문을 닫을까요?

나 : 아니요, 더운데 열어 두세요.

• 거래처 전화번호를 수첩에 적어 두었어요.
• 퇴근할 때는 작업하던 서류들을 캐비닛에 넣어 두세요.

3. 보기와 같이 대화를 완성하십시오.

보기
가: 주말에 출장을 가지요? 비행기 표는 예매했어요?
나: 네, 지난주에 예매해 두었습니다.

(1) 가: 날씨가 더운데 회의실은 시원하네요.
　　나: 십 분 전에 에어컨을 _____.

(2) 가: 출장 갈 때 가지고 갈 자료를 복사했어요?
　　나: 네, 어제 _____.

(3) 가: 사무실에 복사용 종이가 왜 이렇게 많아요?
　　나: 종이 값이 오른다고 해서 _____.

(4) 가: 다음 주에 워크숍이 있지요? 모두에게 연락하세요.
　　나: 제가 벌써 _____.

다음 계약서를 완성해 보십시오.

계약서

주식회사 화성자동차(이하 '갑'이라 한다)와 원경모비스(이하 '을'이라 한다)는 상호 대등한 입장에서 아래와 같이 계약을 체결한다. 이 계약을 증거로 계약서 2통을 작성, 날인한 후 각 1통씩을 보관하기로 한다.

20___년___월___일

계약명		
발주 내용		
계약 금액	계약 총액	
	①공급가액	
	②부가세액	
납품기한	년 월 일	
지불 조건	③선급금	계약 총액의 % (₩)
	④중도금	계약 총액의 % (₩)
	⑤잔금	계약 총액의 % (₩)
납품 장소		
⑥지체상금	지체 1일당 총 계약금의 1%	
별첨	1. 계약일반조건서 2. 구매사양서 3. 견적서	

'갑' ○○○도 ○○시 ○○구 ○○동 ㈜ 화성자동차 대표이사 _____(인)	'을' ○○○도 ○○시 ○○구 ○○동 ㈜ 원경모비스 대표이사 _____(인)

① 공급가액 : 상품을 납품할 때 판매하는 금액.
② 부가세액 : 부가 가치세. 상품이나 용역에 부가되는 세금. 보통 공급가액의 10%에 해당되는 금액.
③ 선급금 : 납품을 받기 전에 일정 금액을 지급하는 것.
④ 중도금 : 최종 잔금을 주기 전에 중간에 지불하는 돈.
⑤ 잔금 : 선급금, 중도금을 주고 남은 나머지 돈.
⑥ 지체상금 : 계약기간 내에 납품을 하지 못할 때 발주자에게 주는 돈.

다음을 읽고 물음에 답하십시오.

1. 두 사람의 대화 내용과 같은 것을 고르십시오.

> 리핑　과장님, 여기 새로 구입할 복사기 카탈로그 가지고 왔습니다.
> 과장　어디 봅시다. '대한 복사기' 제품이 더 저렴하네요. 성능도 나쁘지 않고.
> 리핑　네, 그런데 '한국 복사기' 것이 구매 단가는 조금 높지만 유지 비용은 덜 든다고 대리점에서 추천하던데요.
> 과장　그래요? 음, 그러면 유지 비용이 덜 드는 것으로 합시다.

① 두 복사기의 성능은 비슷하다.
② 과장은 대리점의 추천을 받아들이기로 했다.
③ 과장은 복사기 가격이 싼 것을 사기로 했다.
④ 두 사람은 대리점에서 직접 물건을 보고 있다.

2. 두 사람의 대화 내용과 같은 것을 고르십시오.

> 이수민　여보세요. 극동 기업 이수민입니다.
> 왕자걸　안녕하세요? 씨에씨에 왕자걸입니다. 다음 주에 체결할 거래 계약서 초안 두 통과 제품 목록을 팩스로 보냈습니다.
> 이수민　보내 주신 초안과 목록은 잘 받았습니다. 그런데 가격이 작년보다 5%나 올랐네요.
> 왕자걸　요즘 원유 가격이 많이 올라서요. 운송비와 보관비가 올라 가격을 다소 조정할 수밖에 없었습니다.
> 이수민　그런가요? 원재료 값이 상승했다면 모를까, 물류비용을 제품 단가에 바로 반영하는 건 좀 심하다는 생각이 드네요. 그리고 가격 상승이 단지 물류비용 때문이라면 귀사의 물류 경쟁력에도 문제가 있다고 보이는데요. 일단 잘 알겠습니다. 좀 더 살펴보고 다시 연락드리죠.

① 두 기업은 이번에 처음 계약을 맺는다.
② 씨에씨에는 극동 기업의 의견을 수용하였다.
③ 원유 가격의 상승이 제품 가격에 반영되었다.
④ 극동 기업은 물류시스템의 개선을 요구하고 있다.

납품과 클레임

계약한 물품을 납품하는 과정에서 고의나 과실로 계약의 일부 또는 전부를
이행하지 않음으로써 손해가 생겼을 경우 이를 보상받기 위해 상대방이
손해배상을 청구하는데 이를 클레임이라고 한다.

박 과장 여보세요, 성화자동차 박찬우입니다. 김 사장님, 어떻게 된 겁니까? 주문한 제품이 이렇게 사전 **통보**도 없이 제대로 납품이 안되면 저희도 상당히 **곤란합니다.**

김 사장 죄송합니다. 어쩔 수 없었습니다. 최근에 갑자기 내린 **폭우**로 생산 라인이 크게 **파손되**어 물건을 제때에 납품하지 못했습니다.

박 과장 그러시더라도 납품 계약서대로 납품을 제대로 해 주셔야죠. 어쨌든, 납품 **지연**에 따른 처리를 해야 하니까 납품 지연 사유서를 좀 보내 주십시오. 그리고 최종 납품 예정일이 언제인지 **서면**으로 제출해 주시고요.

김 사장 네, 알겠습니다. 납품 일자를 못 지켜서 죄송합니다.

박 과장 최대한 빨리 납품해 주시고 사유서는 오늘 중으로 보내 주십시오.

본문어휘

통보
통지하여 보고함.

곤란하다
사정이 어렵다.

폭우
갑자기 세차게 쏟아지는 비.

파손되다
깨어져 못 쓰게 되다.

지연
시간이 늦추어짐.

서면
일정한 내용을 적은 문서.

시설
기계, 장치 등의 설비.

규모
크기나 범위.

보고
일에 관한 내용이나 결과를
말이나 글로 알림.

강 팀장 박 과장, 원경모비스에서 납품하기로 한 와이퍼 모터가 아직 납품이 되지 않았다는데 알고 있나?

박 과장 네, 그렇지 않아도 방금 원경모비스 김 사장님과 통화를 했습니다.

강 팀장 그래? 왜 납품일자를 못 지켰대?

박 과장 며칠 전 내린 폭우로 생산 **시설**이 파손되었다고 합니다.

강 팀장 알겠네. 공장 시설이 파손되었다면 원경모비스도 피해가 크겠군. 피해 **규모**가 얼마나 된다고 하던가?

박 과장 사유서를 받아 봐야 자세한 내용을 알 수 있을 것 같습니다. 납품 지연에 대한 사유서가 도착하는 대로 **보고** 드리겠습니다.

글을 읽고 대답해 보세요.

1. 박 과장이 김 사장에게 전화를 건 이유는 무엇입니까?

2. 김 사장은 사유서에 어떤 내용을 쓸까요?

3. 박 과장이 강 팀장에게 보고할 내용은 무엇입니까?

납품 단가 納品單價
납품하기로 한 물건의
단위 가격.

하자 瑕疵
모자라거나 잘못된 부분.
흠이라고도 함.

파손 破損
제품이 깨어져 못 쓰게
되는 것.

반품 返品
사들인 물품을 되돌려
보내는 것.

손망실 損亡失
손실 또는 망실. 제품의 수나
양이 모자라거나 분실되어서
손해를 보는 것. 망실은 제품을
잃어버려서 없어지는 것.

손해배상 損害賠償
법률에 따라 남에게 끼친
손해를 물어 주는 일.

클레임 claim
매매계약을 이행하는 과정에서
고의나 과실로 계약의 일부
또는 전부를 이행하지
않음으로써 발생된 손해를
보상 받기 위해서 상대방이
손해 배상을 청구하는 것.

1. 보기에서 알맞은 단어를 골라 문장을 완성하십시오.

보기	곤란하다	보고하다	지연되다	파손되다

(1) 눈 때문에 비행기 출발 시간이 　　　　　.

(2) 목요일까지 부서별로 업무계획서를 작성해서 　　　　　.

(3) 운송 과정에서 제품이 　　　　　 저희가 책임지겠습니다.

(4) 전화로 말하기는 　　　　　 직접 만나서 말씀 드리겠습니다.

2. 관계있는 것끼리 연결하십시오.

(1) 반품 •　　　　　　• 주문한 물건이 도착했는데 불량품이라서 다시 돌려보냈습니다.

(2) 하자 •　　　　　　• 커피 전문점에서 산 뜨거운 커피 때문에 손을 다친 할머니는 가게로부터 미안하다는 말과 함께 돈을 받았습니다.

(3) 손해배상 •　　　　　　• 이 물건은 하나에 20,000원이지만 500개 이상 주문하시면 하나에 18,000원에 드리겠습니다.

(4) 납품 단가 •　　　　　　• 고객이 구입하신 상품에 잘못된 부분이 있어서 다른 것으로 교환해 드렸습니다.

N대로

앞에 오는 명사의 뜻과 같다는 의미를 나타낼 때 사용합니다. 동사의 경우에는 'V-(으)ㄴ/는 대로'로 사용합니다. 어떤 일을 하는 것과 똑같이 한다는 의미를 나타냅니다.

가 : 보고서를 어떻게 작성하는지 모르겠어요.

나 : 메뉴얼대로 해 보세요.

• 잘 모르면 설명서대로 따라 해 보세요.
• 직원 휴게실에 준비된 음료는 마음대로 드셔도 됩니다.

1. 보기 에서 알맞은 단어를 골라 대화를 완성하십시오.

보기	사실	약속	예상	예정

(1) 가: 나는 모르는 일이야.
    나: 거짓말하지 말고   얘기해.

(2) 가: 누가 과장으로 승진했어요?
    나: 김승우 씨가 승진했어요.

(3) 가: 와이퍼 모터의 납품이 지연되었습니까?
    나: 아닙니다.   납품되었습니다.

(4) 가: 이번 계약이 체결되면 팀장님이 한턱 내기로 하셨지요? 언제 하실 거예요?
    나: 알았어요.   이번 금요일에 회식합시다.

A/V-다고 하다

말하는 사람이 들은 사실을 전할 때 사용합니다. 평서문에 사용하며 '명사'의 경우에는 '(이)라고 하다'로 씁니다.

가 : 리핑 씨가 뭐라고 했어요?

나 : 거래처 사람들과 같이 점심을 먹었다고 했어요.

- 친구가 한국에서는 설날에 떡국을 먹는다고 했어요.
- 사장님께서 종무식에서 지난 1년 동안 고생이 많았다고 했어요.

2. 보기와 같이 문장을 완성하십시오.

> 보기 상우: "출장 보고서를 아직 안 냈어요."
> → 상우가 출장 보고서를 아직 안 냈다고 했어요.

(1) 과장님: "오늘 저녁에 회식이 있습니다."

→   .

(2) 샤오밍: "눈 때문에 길이 너무 복잡했어요."

→   .

(3) 리핑: "납품 단가를 더 낮출 수는 없습니다."

→   .

(4) 팀장님: "이번에 구매한 물건에 하자가 많아요."

→   .

V-는 대로

앞의 동작이 이루어지는 즉시 뒤의 동작이 일어나는 것을 말합니다. 과거의 상황에서는 쓸 수 없습니다.

가 : 한국에 오면 연락 주세요.

나 : 네, 공항에 도착하는 대로 전화 드릴게요.

• 게시판에 질문이 올라오는 대로 답장을 쓰세요.
• 부장님이 출근하시는 대로 저에게 전화 좀 해 주세요.

---

3. 보기 에서 알맞은 단어를 골라 대화를 완성하십시오.

보기	끝나다	돌아가다	마치다	도착하다

(1) 가: 거래처에서 보낸 서류 아직 안 왔어요?

　　나: 네, _____ 갖다 드리겠습니다.

(2) 가: 상우 씨, 바쁘지 않으면 나 좀 도와줘요.

　　나: 네, 이 일을 _____ 도와 드리겠습니다.

(3) 가: 부장님께서 빨리 보고를 받고 싶어 하십니다.

　　나: 보고서 작성이 _____ 부장님께 보고하겠습니다.

(4) 가: 김 과장님, 오늘 뵐 수 있을까요?

　　나: 제가 지금 출장 중이라서 다른 도시에 와 있습니다.

　　　　_____ 전화 드리겠습니다.

아래 납품 확인서를 완성해 보십시오.

납품 확인서

작성일자 :   (공급자용)

공급자	등록번호		대표		공급받는자	등록번호		성명	
	상호					상호			
	사업장 주소					사업장 주소			

①납품일자	②품목	③단위	④수량	⑤단가	금액	세액

공급가액		세액		합계	
미수금			인수자		

은행		계좌번호		예금주	

① 납품일자 : 주문받은 물건을 계약한 곳에 가져다주는 날짜.
② 품목 : 물품 종류의 이름.
③ 단위 : 길이, 무게 등 수량을 나타내는 것.
④ 수량 : 납품하는 물품의 양.
⑤ 단가 : 물건 한 단위의 가격.

다음을 읽고 물음에 답하십시오.

1. 두 사람은 무엇에 대해 말하고 있습니까? 알맞은 것을 고르십시오.

메 이 화	김 선배, 본사에서 보낸 복합기 다섯 대 중에 한 대가 운반 수송 중에 망가진 것 같은데, 어떻게 하죠?
김 선 배	그래? 그럼, 손망실 보고서를 작성해야겠네.
메 이 화	손망실 보고서요?
김 선 배	어, 운반 수송 중에 잘못된 물품은 그 명세와 진술서를 작성해서 물품 출납 책임자의 확인을 받은 후에 발송한 지점에 다시 보내면 돼.
메 이 화	아, 그렇구나! 고마워요, 선배.

① 발송 물품 확인　　　② 물품 배송 절차　　　③ 손망실 물품 처리　　　④ 손망실 물품 보상

2. (　　　)에 알맞은 것을 고르십시오.

통보서

발신: ㈜ 대한　서울시 서초구 서초대로 10길 100
수신: ㈜ 하나　경기도 고양시 일산구 일산동구 일산로 200

제목: (　　　　　) 청구 통보

내용:
귀사의 무궁한 발전을 기원합니다.
지난 5월 10일에 계약한 귀사의 신제품인 '나비'가 납품일인 10월 15일까지 납품되지 않아 이를 통보합니다. 계약서 13조 1항에 따르면 납품일이 지켜지지 않을 경우 계약 금액의 세 배에 해당하는 금액을 지불하도록 되어 있습니다. 이에 당사는 (　　　　　)을/를 청구합니다. 11월 15일까지 귀사의 조치가 없을 경우 법적인 조치를 취할 것입니다.

20XX년 ○○월 △△일

① 계약 철회　　　② 손해 배상　　　③ 어음 발생　　　④ 결제 대금 지급

생산관리

생산관리는 기업에서 생산 활동을 능률화하고 생산력을 최고로 발휘하기
위하여 생산에 관하여 예측, 계획, 통제 등을 하는 일을 말한다.

UNIT
10 생산관리

생산관리란 기업에서 생산 활동을 효율적으로 하여 제품이나 서비스를 신속하게 제공할 수 있도록 생산에 관련된 활동을 예측, 계획, 통제하는 과정을 말한다. 기업에서는 생산성을 향상시켜 생산 원가를 **최소화하려고** 노력하며, 소비자의 요구를 반영한 최고의 품질을 가진 물품을 생산하고자 노력한다. 또한 고객이 원하는 시간과 장소에 제품이나 서비스를 **인도할** 수 있는 생산 능력을 갖추며 제품에 대한 소비자의 욕구 변화에 능동적으로 대처하는 **유연성**을 가지고자 노력한다.

그중 불량률을 줄이는 것은 최고 품질의 물품을 생산하기 위한 것으로 각 기업은 이를 위하여 생산 시스템을 감시하는 등 많은 노력을 기울이고 있다. 다음 기사는 이러한 기업의 노력을 보여 주는 한 사례이다.

컴퓨터 모니터를 만드는 이 공장에서는 근로자들을 모자 색깔별로 줄을 세운다. 모자의 색깔은 근로자의 경력을 말해 준다. 빨간색 모자는 **숙련된** 근로자만 쓸 수 있다. 어느 정도 일을 해내는 평균 능력의 근로자는 파란색 모자를 쓴다. 아직 일이 **익숙하지** 않은 신입 근로자는 노란색 모자를 쓴다.

노란색 모자를 쓴 신입 사원은 빨간 모자와 파란 모자를 쓴 근로자 사이에서 일하는 방법을 하나씩 배우게 된다. 파

란색 모자를 쓴 근로자도 빨간색 모자를 쓴 숙련된 근로자를 보면서 자신의 기술을 더욱 발전시키게 된다. 회사는 신입 사원을 빨리 현장에 **적응**시키고 근로자들로 하여금 숙련된 기술자로 키우기 위해서 이런 제도를 **도입하였다.**

생산 부장은 "처음에는 다른 모자 색깔로 인하여 직원들 사이에 **위화감**이 생길 수 있다고 생각했습니다. 그런데 모자 쓰기 제도를 **시행했더니** 신입 사원들이 빨리 빨간 모자를 쓰고 싶어 더 열심히 일을 배우고 있어요."라고 말했다.

공장에서 이 제도를 실시한 뒤 불량률은 빠르게 줄어 올해 0.5% 이하로 떨어졌다고 한다. 고객이 불만을 **제기해** 리콜 되는 고객 불량률은 '1 PPM'을 유지하고 있다. 생산성도 크게 나아져 올해 매출은 작년보다 300% 이상 늘어날 것으로 전망되고 있다.

불량 생산은 기업의 이미지를 실추시키고 판매부진으로 이어진다. 반대로 낮은 불량률은 긍정적인 기업 이미지를 창출하여 판매촉진으로 연결된다. 이렇듯 불량률은 생산관리에서 매우 중요한 부분을 차지하고 있다.

글을 읽고 대답해 보세요.

1. 생산관리란 무엇입니까?

2. 기업에서는 생산관리를 위해 어떤 노력을 하고 있습니까?

3. 불량률과 기업의 관계에 대해 이야기해 보십시오.

본문 어휘

최소화하다
가장 적게 하다.

인도하다
물건을 넘겨주다.

유연성
딱딱하지 않고 부드러운 성질.

숙련되다
연습이 많이 되어 능숙하게 익혀지다.

익숙하다
어떤 일을 여러 번 하여 서투르지 않은 상태에 있다.

적응
일정한 조건이나 환경 따위에 맞추어 응하거나 알맞게 됨.

도입하다
기술, 방법 등을 끌어 들이다.

위화감
조화가 되지 않는 느낌.

시행하다
실제로 행하다.

제기하다
의견이나 문제를 내어 놓다.

공정관리 工程管理
일정한 수량과 품질의 제품을 일정한 기간 안에 가장 경제적으로 생산하기 위해 생산 공정을 계획적으로 관리하는 일.

생산계획 生産計畫
일정한 기간 안에 어떤 물품을 생산하기 위해 세우는 계획.

생산 설비 生産設備
생산에 필요한 시설.

출하 出荷
생산자가 생산품을 시장으로 내보내는 것.

불량률 不良率
생산된 제품 가운데 잘못 만들어진 것의 비율.

고객 불량률
顧客 不良率, customer line defect ration

고객이 불만을 제기해 리콜이 되는 경우. 즉 고객 측에서 나타나는 불량률.

공정 불량률
工程不良率

제품의 생산 공정에서 발생하는 불량률.

재고 관리
在庫管理 inventory control

기업의 능률적이고 계속적인 생산 활동을 위하여 재료나 제품의 적절한 보유량을 계획하고 통제하는 일. 원자재 관리와 상품 관리가 있음.

싱글 PPM 품질혁신운동
single PPM 品質革新運動

제품 100만 개 중 불량품을 10개 미만으로 줄이자는 운동. 장기적으로는 불량률 제로(0)를 추구하는 무결점 운동이며 완전제품화 운동을 뜻함.

1. 보기 에서 알맞은 단어를 골라 문장을 완성하십시오.

보기   도입하다   숙련되다   시행하다   익숙하다   제기하다

(1) 정부는 새로운 법을 1월 1일부터 [   ] 것입니다.

(2) 새로운 생산 방식에 대해 사원들이 문제점을 [   ].

(3) 처음에는 좀 힘들었지만 지금은 일찍 일어나는 데 [   ].

(4) 회사는 생산력을 높이기 위해 새로운 생산 방식을 [   ].

(5) 그는 [   ] 기술자라서 우리 공장에 꼭 필요한 사람입니다.

2. 관계있는 것끼리 연결하십시오.

(1) 박 대리는 최종 생산된 제품을 시장으로 내보내는 업무   • 공정관리
를 담당하고 있습니다.

(2) 최 대리는 일정 기간 안에 주문 받은 물품을 생산하기   • 생산계획
위한 계획을 세우는 업무를 담당하고 있습니다.

(3) 강 대리는 경제적으로 제품을 생산하기 위해 공장 안의   • 불량률
생산 공정을 관리하는 업무를 담당하고 있습니다.

(4) 김 대리는 생산된 제품 가운데 잘못 만들어진 것이 있   • 출하
는지 없는지를 확인하는 업무를 담당하고 있습니다.

사동

어떤 사람이 다른 대상에게 어떤 일을 하게 할 때 사용합니다. 동사에 따라 '-이/히/리/기/우-'를 붙여서 사용합니다.

가 : 지금 뭐 해요?

나 : 아, 포장을 벗기고 있는데 잘 안되네요.

• 이 안내문을 게시판에 좀 붙이세요. • 직원들에게 결혼 소식 알렸어요?

-이-		-히-		-리-		-기-		-우-	
끓다	끓이다	눕다	눕히다	날다	날리다	벗다	벗기다	서다	세우다
먹다	먹이다	앉다	앉히다	살다	살리다	신다	신기다	쓰다	씌우다
보다	보이다	읽다	읽히다	알다	알리다	씻다	씻기다	자다	재우다
붙다	붙이다	입다	입히다	울다	울리다	웃다	웃기다	타다	태우다

1. 보기 에서 알맞은 단어를 골라 대화를 완성하십시오.

보기	쓰다/씌우다	타다/태우다	보다/보이다	알다/알리다

(1) 가: 사원증은 왜 챙기세요?

　　나: 자료실을 이용할 때는 사원증을 　　　　　　　　　　.

(2) 가: 거래처에서 전화가 오면 저한테 　　　　　　　　　　 주세요.

　　나: 네, 알겠어요.

(3) 가: 어느 쪽으로 가세요? 같은 방향이면 　　　　　　　　　　 드릴게요.

　　나: 저는 시청 쪽으로 가는데요.

　　가: 잘됐네요. 저도 그쪽으로 가요. 빨리 　　　　　　　　　　.

(4) 가: 이 기계는 사용 후에 반드시 덮개를 　　　　　　　　　　. 그렇지 않으면 먼지가 들어가서 고장이 날 수도 있거든요.

　　나: 네, 알겠습니다.

N-시키다

명사에 '사동'의 뜻을 더하고
동사를 만듭니다.

가 : 요가를 배우면 뭐가 좋아요?

나 : 요가는 마음을 안정시키는 데 효과가 있습니다.

• 쓰레기가 강과 산을 오염시키고 있습니다.
• 사무실 분위기를 변화시키는 데는 꽃이 최고예요.

2. 보기 와 같이 문장을 완성하십시오.

보기
가: 왜 기계가 멈췄어요?
나: 공장장님이 기계를 정지시켰어요.

(1) 가: 사거리에서 하던 공사가 중단되었어요?
    나: 네, 주말이라 차가 많아서 ＿＿＿＿＿＿＿＿＿＿＿.

(2) 가: 올해 수출이 악화된 이유가 뭐라고 생각하십니까?
    나: 환율 문제가 ＿＿＿＿＿＿＿＿＿＿＿.

(3) 가: 그 회사 사원들은 외국어를 한 가지씩 공부한다면서요?
    나: 네, 사장님께서 ＿＿＿＿＿＿＿＿＿＿＿.

(4) 가: 리핑 씨가 일을 하다가 다쳤다면서요? 병원에 입원했어요?
    나: 네, 과장님이 ＿＿＿＿＿＿＿＿＿＿＿.

V-았/었더니

과거에 한 일의 결과를 나타낼 때 사용합니다.

가 : 판매량이 많아졌네요.

나 : 사은행사를 했더니 판매량이 늘었어요.

- 오랜만에 운동을 했더니 몸이 아파요.
- 낮에 커피를 많이 마셨더니 잠이 안 와요.

3. 보기와 같이 대화를 완성하십시오.

> 보기
> 가: 점심 안 먹어요?
> 나: 아침을 많이 먹었더니 아직 배가 안 고파요.

(1) 가: 기분이 좋아 보이네요.
　　나: 네, 　　　　　　　　　　　　　　　　 머리가 깨끗해진 것 같아요.

(2) 가: 민우 씨, 피곤해 보여요.
　　나: 어제 　　　　　　　　　　　　　　 피곤하네요.

(3) 가: 과장님, 감기 걸리셨어요?
　　나: 　　　　　　　　　　　　　　　　 감기에 걸린 것 같네.

(4) 가: 부장님이 왜 화가 나셨어요?
　　나: 　　　　　　　　　　　　　　　　 화를 내셨어요.

다음은 생산관리자의 역할을 나타내는 표입니다. 표를 보면서 생산관리자가 하는 업무에 대해 알아봅시다.

	항목	업무 내용
1.	근태 관리	직원들의 출근율, 잔업률, 휴업률 파악
2.	생산 실적 관리	생산수량, 능률 등을 적는 생산실적판 기입
3.	품질 실적 관리	불량률 분석 및 대책 수립
4.	작업 표준 작성	작업표준서 작성 및 개정
5.	안전 관리	안전점검 활동

여러분이 사장이라면 어떤 자질을 갖춘 사람을 생산관리자로 뽑겠습니까? 생산관리자의 자질에 대해 이야기해 봅시다.

❗ 다음을 읽고 물음에 답하십시오.

불량품 조치 보고서	
보고자	생산관리부 과장 김석현
제품 'DO-E2098'의 불량이 발생하여 아래와 같이 조치했음을 보고합니다. -아래-	
1. 발생 일시	20XX년 ○월 △△일
2. 발생 장소	하남상사(주) 검수과
3. 상황 개요	4월 초에 하남상사에 납입한 당사 제품 'DO-E2098' 중 약 15%의 제품에서 문제가 발견되어 제품을 교체해 줄 것을 요청 받음.
4. 조치 상황	- 조사한 결과 3월 25일 오전 9시에서 11시 사이에 생산 라인 일부에서 일시적인 이상이 있었음을 확인하였음. - 이때 생산된 제품에서 불량이 발생한 것으로 판명됨. - 즉시 불량 제품 500개를 회수하고 같은 수량의 대체품을 신속히 하남상사에 납품함으로써 사태를 수습함.
5. 대책	문제 발생 원인이 지난 1월에 신규 설치한 생산 라인에 있었으므로, 신규 생산 라인의 정상적인 가동이 이루어질 때까지 철저한 품질관리와 검사가 요망됨.

1. 이 글에서 알 수 <u>없는</u> 것은 무엇입니까?

① 불량 제품의 발생 원인
② 거래처 클레임에 대한 수습 방안
③ 생산 라인의 품질 관리 상태
④ 문제 제발 방지를 위한 대처 방안

2. 다음 중 무슨 문제인지를 간단히 소개한 부분을 고르십시오.

① 발생 장소   ② 상황 개요   ③ 조치 상황   ④ 대책

손익분기점

손익분기점이란 기업의 총매출액과 총비용이 일치하여 손실이나 이익이
발생하지 않는 판매량 또는 매출액을 말한다. 손익분기점보다 많이 판매하면
이익이 발생하지만 손익분기점보다 적게 판매하면 손실이 생긴다.

UNIT 11 손익분기점

매출액이 어떤 기준 밑으로 내려가면 **손실**이 발생하고 그 이상으로 올라가면 이익이 나는 지점의 매출액을 손익분기점이라고 한다. 즉 손익분기점을 보면 1년 동안 회사가 이익을 냈는지 손실을 냈는지를 알 수 있다.

'국민산업'은 부품 생산을 위한 재료비, 공장 건물 임대료, 인건비 등의 비용을 모두 **지불하려면** 한 달에 5,000만 원 이상의 매출을 올려야 한다. 즉 판매액이 5,000만 원 이상 되어야 손해가 나지 않는다. 5,000만 원 이상의 판매액을 '국민산업'의 수입으로 생각한다면 5,000만 원이 바로 이 회사의 손익분기점이 되는 것이다.

기업의 **매출**과 비용 지출 계획을 잘 세우려면 손익분기점을 알아야 한다. 비용 중에는 매출액에 따라 **늘어나는** 변동비도 있지만 이것과 **관계없이** 항상 똑같이 들어가는 고정비도 있다.

자동차의 부품을 만드는 기업을 예로 들어 보자. 부품을 많이 만들면 만들수록 재료비는 많이 들어가고 적게 만들수록 재료비는 적게 들어간다. 이렇게 물건을 생산하는 양에 따라 변하는 비용을

본문 어휘

손실
어떤 것이 줄거나 잃어버려서 생긴 손해.

지불하다
어떤 것을 사용한 후 돈을 내다.

매출
물건을 만들어서 파는 것.

늘어나다
수나 무게, 양이 많아지거나 커지다.

관계없이
서로 아무 관련이 없이.

낮추다
수나 양을 어떤 기준이나 다른 것보다 적게 하다.

줄이다
수나 크기, 양을 적어지게 하다.

변동비라고 한다. 하지만 인건비와 공장 건물 임대료 등은 물건을 파는 양과 관계없이 항상 똑같다. 이것을 고정비라고 한다. 따라서 손익분기점을 **낮추려면** 고정비를 **줄이는** 것이 아주 중요하다.

'국민산업'에서 자동차 부품 하나를 만드는 데 필요한 재료비가 100원이고 판매가격이 200원이라고 하자. 매달 들어가는 고정비가 100,000원이라고 한다면 자동차 부품을 1,000개보다 적게 팔면 손실이고 1,000개보다 많이 팔면 이익이 생긴다. 따라서 자동차 부품 1,000개의 판매액이 손익분기점이 되는 것이다.

글을 읽고 대답해 보세요.

1. 손익분기점이란 무엇입니까?

2. 비용의 종류에는 무엇이 있습니까? 그것의 의미를 설명해 보십시오.

3. 위 글의 내용과 같으면 O, 다르면 X를 하십시오.

  (1) 인건비를 줄이려면 손익분기점을 낮춰야 한다. (   )

  (2) 손익분기점보다 물건을 판매한 양이 많으면 이익이 생긴다. (   )

수익 收益

기업이 번 돈. 기업이 어떤
물건을 만든 후 이 물건을
팔면 돈을 벌게 되는데 이때
번 돈을 수익이라고 함.

비용 費用

기업이 물건을 만들거나
어떤 일을 하는 데 들어간 돈.

이익 利益

수익에서 비용을 뺀 나머지 돈.
【예를 들어 A 기업에서 물건을 만드는 데 들어간 비용이 10,000원이고
이것을 팔아서 번 돈이 20,000원이라면 A 기업의 이익은 수익인
20,000원에서 비용 10,000원을 뺀 나머지인 10,000원이 된다.】

손익계산서 損益計算書

일정한 기간 동안 기업이
경영한 결과를 잘 알아볼 수
있도록 모든 수익과 비용을
계산하여 정리한 보고서.

고정비 固定費

물건의 생산량이나 판매량에
관계없이 항상 똑같이
들어가는 비용.

변동비 變動費

물건의 생산량에 따라
늘어나고 줄어드는 비용.

1. 보기 에서 알맞은 단어를 골라 문장을 완성하십시오.

보기	낮추다	늘어나다	줄이다	지불하다

(1) 제품의 대금을 언제까지 [   ] 되지요?

(2) 환경을 보호하려면 일회용품의 사용을 [   ] 한다.

(3) 최근 한류 열풍으로 한국어를 배우려고 하는 외국인의 수가 점점 [   ].

(4) 우리 회사는 소비자들에게 더 싼 물건을 공급하기 위해 물건의 생산 가격을 [   ].

2. 관계있는 것끼리 연결하십시오.

(1) 수익 •

• 영수가 빵집을 경영하는 데는 돈이 많이 든다. 매달 빵을 만드는데 오백만 원 정도를 쓰고 임대료와 가게 관리비에 백만 원 정도의 돈이 들어간다.

(2) 매출 •

• 영수가 빵집을 시작한 지 올해로 2년이 되었다. 올해는 작년보다 더 열심히 일한 덕분에 작년에 비해 두 배 이상의 돈을 벌었다.

(3) 손실 •

• 영수는 지난달에 새로운 빵을 만들어 손님들에게 팔기 시작했다. 이 빵은 지난달에 500개가 팔렸고 이번 달에는 벌써 800개가 팔렸다.

(4) 비용 •

• 영수가 빵집을 처음 시작했을 때는 돈을 많이 벌지 못했다. 버는 돈보다 오히려 쓰는 돈이 더 많았다.

A/V-아/어야

앞 문장의 내용은 어떤 일을 하기 위해서 꼭 해야 하는 조건을 나타냅니다. 뒤 문장에는 명령문과 청유문이 오지 못하며 현재형만 쓸 수 있습니다. 명사의 경우에는 '(이)라야'와 함께 결합하여 사용합니다.

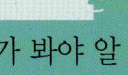

가 : 현지 사정에 대해 아세요?

나 : 글쎄요, 자세한 건 현지에 가 봐야 알 수 있을 것 같아요.

• 비용을 줄여야 수익이 높아질 수 있다.
• 내일 비가 안 와야 사원 체육대회를 할 수 있다.

1. 보기와 같이 대화를 완성하십시오.

> 보기
> 가: 한국 회사에 취직하고 싶은데 어떻게 해야 할까요?
> 나: 한국어를 할 수 있어야 한국 회사에 취직할 수 있어요.

(1) 가: 이 대리 휴대전화 번호가 어떻게 되지요?
　　나: ＿＿＿＿＿＿＿＿＿＿＿＿＿＿＿＿＿＿＿＿ .

(2) 가: 고등학생도 운전면허증을 딸 수 있어요?
　　나: ＿＿＿＿＿＿＿＿＿＿＿＿＿＿＿＿＿＿＿＿ .

(3) 가: 외국어를 잘하려면 어떻게 해야 할까요?
　　나: ＿＿＿＿＿＿＿＿＿＿＿＿＿＿＿＿＿＿＿＿ .

(4) 가: 부서 업무가 익숙해지지 않아서 걱정이에요.
　　나: ＿＿＿＿＿＿＿＿＿＿＿＿＿＿＿＿＿＿＿＿ .

N에 따라

앞 문장의 명사 때문에
뒤 문장의 상황이나 결과가
달라진다는 뜻입니다.

가 : 평소에는 이 식당에 자리가 없었는데
오늘은 빈자리가 많이 보이네요.

나 : 날씨에 따라 사람이 많기도 하고 적기도
하죠. 오늘은 날씨가 더워서 해장국을 찾
는 사람이 별로 없는 것 같아요.

• 물건의 품질은 가격에 따라 차이가 있다.
• 이곳은 시간에 따라 교통이 복잡하기도 하고 덜 복잡하기도 하다.

2. 보기와 같이 대화를 완성하십시오.

보기
가: 여기 이 사무용 책상들은 가격이 어떻게 돼요?
나: 재료에 따라 싼 것도 있고 조금 비싼 것도 있어요.

(1) 가: 직원 연수를 해외로 가면 돈이 많이 들겠지요?
나: _____.

(2) 가: 저는 언제 저 선배님처럼 일을 잘 하게 될까요?
나: _____.

(3) 가: 이 회사는 근무 기간이 같으면 연봉도 동일한가요?
나: 아니요, _____.

(4) 가: 해외에서 근무하든 국내에서 근무하든 이 회사 근로자들의 임금은 동일한가요?
나: 아니요, _____.

A/V-(으)면
A/V-(으)ㄹ수록

앞 문장의 행동이나 상황이
계속되면서 뒤 문장의 정도가 점점
심해지는 것을 나타냅니다.
'A/V-(으)ㄹ수록'의 형태로도
사용할 수 있습니다.

가 : 지난 6개월 동안 수습 사원으로 일을
해 보니까 어때요?

나 : 일을 하면 할수록 배울 게 많은 것 같아요.

• 고정비가 많이 들면 들수록 손익분기점이 높아진다.
• 무엇이든 연습을 많이 하면 할수록 실력이 점점 좋아진다.

3. 보기와 같이 문장을 완성하십시오.

> 보기   이 회사 제품을 사용하다
> → 이 회사 제품을   사용하면 사용할수록 편리한 것 같아요.

(1) 회사가 커지다
    → 회사가   .

(2) 매출이 많아지다
    → 매출이

(3) 홍보팀에서 일을 하다
    → 일을   .

(4) 회사 생활이 익숙해지다
    → 회사 생활이   .

다음을 보고 물음에 답하십시오.

1. 다음은 쇼핑몰을 운영하는 영희의 한 달 지출을 정리한 것입니다. 아래 표를 보고 각 항목을 고정비와 변동비로 나누어 보십시오.

항목	금액(원)	고정비 / 변동비
사무실 임대료	2,000,000	○○○○○○○○○○○ ( )
직원 급여	3,960,000	○○○○○○○○○○○ ( )
수도세	57,900	○○○○○○○○○○○ ( )
전기세	215,000	○○○○○○○○○○○ ( )
전화요금	200,000	○○○○○○○○○○○ ( )
상품 포장비	570,000	○○○○○○○○○○○ ( )
재료비	23,000,000	○○○○○○○○○○○ ( )
배송비	1,200,000	○○○○○○○○○○○ ( )
카드 수수료	3,200,000	○○○○○○○○○○○ ( )
홍보비	700,000	○○○○○○○○○○○ ( )

2. 영희는 다니던 회사를 그만두고 빵집을 차렸습니다. 매달 인건비 200만 원에 임대료 100만 원이 듭니다. 여기에 수도세, 전기세, 전화 요금 등 가게 관리비가 한 달에 50만 원 정도 지출됩니다. 매달 차이가 있기는 하지만 한 달 평균 500만 원 정도의 매출을 올리고 있습니다. 영희가 빵 한 개를 만드는 데 들어가는 비용이 250원이고 이것을 한 개 400원에 판다면 몇 개를 팔아야 영희의 가게는 손익분기점 매출을 달성할 수 있을까요?

❗ **다음을 읽고 물음에 답하십시오.**

12,000원짜리 책과 11,000원짜리 책 중에서 어느 것이 더 쌀까?

정답은 당연히 11,000원짜리 책이지만 만약에 인터넷 서점에서 책을 산다면 1,000원 더 비싼 책을 사는 사람이 1,600원을 더 절약할 수 있다. 이유는 바로 배송료 때문이다.

대부분의 인터넷 서점이 책값을 10%씩 할인해 주고 책 값이 1만 원 이상이면 무료로 책을 배송해 준다. 그래서 12,000원짜리 책을 사는 사람이 10%를 할인 받으면 책값으로 10,800원을 내야 하기 때문에 배송료 2,500원을 내지 않아도 된다. 그러나 11,000원짜리 책을 사는 사람은 10% 할인을 받은 책값이 9,900원이 되기 때문에 배송료를 내야 한다. 따라서 고객은 12,400원을 책값으로 내는 셈이다.

책값은 출판사가 결정한다. 책값을 정할 때 가장 중요한 요소는 예상 판매량이다. 보통 종이값, 인쇄비 등 책 한 권을 만들 때마다 드는 비용인 ㉠ _____ 가 책값의 15~20% 정도를 차지하고 나머지는 편집비, 디자인비, 번역비 등 ㉡ _____ 가 차지한다. 그러므로 예상 판매량을 정확히 예측해야 손익분기점에 맞춰 책값을 정할 수 있다. 그런데 인터넷 서점이 늘어나면서 요즘은 무료 배송도 책값을 결정하는 데 아주 중요한 요소가 되고 있다.

1. ㉠과 ㉡에 들어갈 말을 '고정비'와 '변동비' 중에서 골라서 쓰십시오.

    ㉠ _____   ㉡ _____

2. 위 글의 내용과 같으면 O, 다르면 X를 하십시오.

    (1) 책값에 따라 배송료의 가격이 달라진다. (   )
    (2) 책의 판매량이 예상한 것보다 낮으면 출판사에 손실이 발생한다. (   )

UNIT
12

BUSINESS
KOREAN

수입과 수출

다른 나라에서 만든 물건을 우리나라로 사 오는 것을 수입이라고 하고 우리나라에서 만든 것을
다른 나라로 파는 것을 수출이라고 한다. 석유와 같이 특정 국가에서만 나는 것은 수입을 하고,
자국에서 잘 만드는 제품은 다른 나라로 수출하는 나라들이 많다. 이처럼 수입과 수출은
나라마다 자연환경, 자원, 생산 기술 등이 다르기 때문에 발생한다.

UNIT 12 수입과 수출

교수님   이번 시간에는 무역에 대해서 공부해 보도록 하겠습니다. 무역이란 나라와 나라 간에 서로 필요한 물건이나 서비스를 **거래하는** 일을 말합니다. 무역은 수입과 수출로 이루어지는데 국내에서 생산한 물건을 해외에 판매하는 걸 수출이라고 하고 해외의 물건을 국내로 사 오는 걸 수입이라고 합니다.

학 생   그럼 수입과 수출은 어떻게 **발생하는** 건가요?

교수님   한국의 경우를 예로 들어 보겠습니다. 한국은 IT강국으로 **널리** 알려져 있습니다. 한국의 휴대 전화는 품질이 우수한 데다가 기능이 뛰어나기 때문에 해외에서 인기가 좋습니다. 그러나 한국은 석유를 다른 나라에서 사 와야 합니다. 그래서 한국은 휴대 전화를 다른 나라에다 수출해서 돈을 벌고 그 돈으로 석유를 수입합니다. 이렇게 어느 나라에나 잘할 수 있는 사업이 있는데 그 사업을 **집중적**으로 해서 물건을 만들어 팔고 거기서 번 돈으로 필요한 것을 사 오는 것이 **효과적**이기 때문에 무역이 발생하는 겁니다.

학 생   그럼 국내에서 많이 나는 물건을 다른 나라에 팔면 돈을 많이 벌게 되니까 수출을 많이

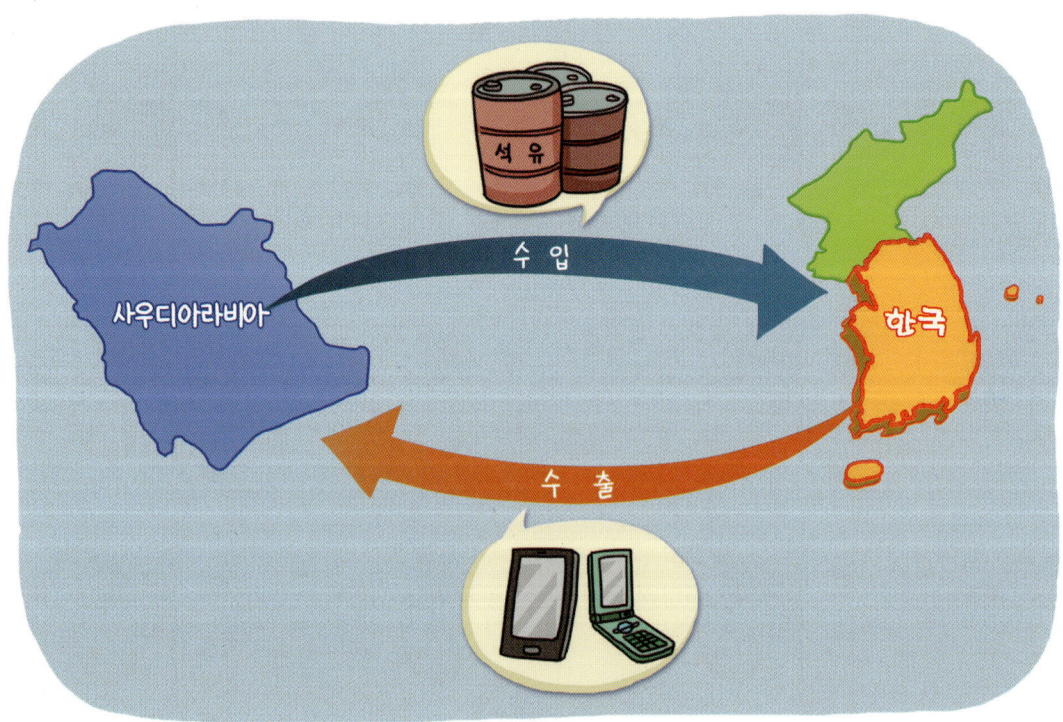

본문 어휘

거래하다
둘 이상의 사람이나 단체가 상품을 서로 주고받거나 사고팔다.

발생하다
어떤 것이 새롭게 생기다.

널리
범위가 아주 넓게 먼 곳까지.

집중적
어떤 것을 한 곳을 중심으로 모으는 것.

효과적
어떤 목적을 가지고 한 일에 결과가 좋게 나타나는 것.

보유하다
어떤 것을 가지고 있다.

흑자
수입이 지출보다 많아서 이익이 생기는 것.

적자
지출이 수입보다 많아서 생기는 것.

물가
어떤 물건의 값.

하면 많이 할수록 국가에는 이득이 생기겠네요.

교수님 그렇습니다. 수출을 해야 외화를 많이 벌어들일 수가 있습니다. 국가가 외화를 많이 **보유하고** 있으면 경제 기초가 튼튼해져서 경제 강국이 됩니다.

학 생 그럼 각 나라의 무역 거래 결과는 어떻게 알 수가 있나요?

교수님 그건 경상수지를 보면 확인할 수 있습니다. 경상수지란 무역수지와 무역외수지를 합한 것입니다. 경상수지에는 상품 및 서비스를 얼마나 수출하고 수입했으며 그 차액이 얼마인지가 나타나 있습니다. 그리고 한 해의 무역 거래 결과가 **흑자**인지 **적자**인지도 알 수 있습니다.

학 생 무역 거래에서 수입보다 수출이 많으면 흑자가 나는 거지요?

교수님 그렇습니다. 수출을 많이 해서 외화를 많이 벌어들이는 것을 흑자라고 하니까 수출은 많이 하면 할수록 국가에는 이득이 됩니다. 하지만 국제 물가가 오르거나 해외로 나가는 여행객이 많아서 외화를 많이 쓰게 되면 적자가 발생할 수도 있습니다.

글을 읽고 대답해 보세요.

1. '수입'과 '수출'의 정의를 위 글에서 찾아보고 그것이 발생하는 이유를 설명해 보십시오.

2. 위 글의 내용과 같으면 O, 다르면 X를 하십시오.
   (1) 외국인 관광객의 증가는 경상수지에 영향을 미친다. (   )
   (2) 석유를 수출하는 국가는 경제적으로 발전한 나라라고 할 수 있다. (   )

3. 한국의 주요 수출 품목에 대해 알아 봅시다.

무역수지 貿易收支

어떤 기간 동안에 나라와 나라 사이에 사고팔았던 상품의 총 수출액과 총 수입액의 차액.

무역외수지 貿易外收支

운임, 여행비 등 서비스 거래와 관련된 수출과 수입의 차액. 물건을 사고파는 행위를 제외한 눈에 보이지 않는 무역 거래의 수출과 수입을 말함.

절대우위

絕對優位

한 나라가 다른 나라와 무역을 하는 품목을 생산할 때 모든 품목에 대해 다른 나라보다 더 낮은 비용으로 생산할 수 있다면 절대 우위가 있다고 봄. 【예를 들어 A국가에서는 자동차 한 대를 생산하는 데 10명, 컴퓨터 한 대를 생산하는 데 20명의 인원이 필요하고, B국가에서는 각각 20명, 10명이 필요하다면 A국가는 자동차 생산에서 절대 우위에 있고 B국가는 컴퓨터 생산에서 절대 우위에 있다고 말한다.】

관세 關稅

외국 상품의 수입량을 조정하기 위해 수입품에 부과하는 세금.

덤핑 dumping

수출을 늘리기 위해서 국내에서 비싸게 팔고 외국에서는 손해를 볼 정도로 싸게 팔아서 외화를 벌어들이는 것.

비교우위

比較優位

한 나라가 국제 무역에서 모든 거래 품목을 아주 싼 비용으로 생산한다고 하더라도 최소한 하나 이상의 특정 상품에서는 상대국이 더 낮은 비용으로 생산하는 경우가 있음. 이때 상대국이 특정 상품의 생산에 '비교 우위'가 있다고 봄. 이 경우 두 나라가 보다 더 효율적으로 생산할 수 있는 상품을 중심으로 거래를 하면 양국 모두 이득을 얻을 수 있음.

1. 보기 에서 알맞은 단어를 골라 문장을 완성하십시오.

보기 거래하다 발생하다 보유하다 효과적이다

(1) 최근 이 지역에서 이상 기온 현상이 [　　] 있다.

(2) 그 회사 사원들은 모두 자기 회사의 주식을 [　　] 있다.

(3) 십 년 동안 우리 회사와 [　　] 회사가 유럽 수출을 시작했다.

(4) 자신의 몸에 맞는 적당한 운동은 스트레스를 푸는 데 아주 [　　].

2. 관계있는 것끼리 연결하십시오.

(1) 관세 •

(2) 덤핑 •

(3) 무역수지 •

(4) 절대우위 •

• 우리나라는 다른 나라에 비해 아주 싼 가격으로 자동차를 생산할 수 있기 때문에 자동차 수출 강국으로 불린다.

• 작년 한 해 동안의 수출과 수입의 내역을 조사해 본 결과 우리나라는 작년에 흑자를 기록한 것으로 조사되었다.

• 외국에 있는 여행사들 중에는 자국의 여행 상품을 국내 여행사의 50%도 되지 않는 값으로 판매하는 곳도 있다.

• 올 하반기부터 수입품에 부과되던 세금 3%가 면세된 덕분에 불경기임에도 불구하고 우리 회사는 흑자를 기록했다.

V-아/어 있다

어떤 일이나 변화가 끝난 후에도 그 상태가 계속 유지되거나 결과가 지속되는 것을 나타냅니다.

가 : 그렇게 서 있지 말고 좀 앉으세요.

나 : 아니요, 괜찮습니다. 회의 준비 때문에 곧 나가 봐야 돼서요.

• 눈이 많이 와서 길이 얼어 있다.
• 저기 비어 있는 자리에 가서 앉으십시오.

1. 보기 에서 알맞은 단어를 골라 문장을 완성하십시오.

보기	남다	눕다	서다	앉다	피다

(1) 몸이 너무 아파서 주말에 하루 종일 침대에 　　　　　　　　　.

(2) 자동판매기 옆에 　　　　　　　　　 분이 영업부 과장님이세요.

(3) 동료들과 이야기를 나누면서 휴게실에 　　　　　　　　　 사람이 많이 있었어요.

(4) 회사 앞 공원에 코스모스가 　　　　　　　　　 점심 식사 후에 같이 산책할래요?

(5) 사무실에 불이 켜져 있는 걸 보니까 아직 　　　　　　　　　 직원이 있는 것 같아요.

A/V-(으)ㄴ/는 데다가

앞 문장의 상황 이외에도 뒤 문장의 상황이 더 있음을 나타낼 때 사용합니다. 앞 문장의 상황에 뒤 문장의 상황이 추가 되어서 그 정도가 더 심해짐을 나타냅니다.

가 : 하반기 자동차 판매량이 왜 이렇게 저조하지요?

나 : 경기가 안 좋은 데다가 원자재 가격 상승으로 자동차 출고 가격이 오르면서 판매량이 준 것으로 분석됩니다.

• 서울은 사람이 많은 데다가 차도 많아서 복잡하다.
• 한국의 여름 날씨는 비가 자주 오는 데다가 습도도 높다.

2. 보기와 같이 대화를 완성하십시오.

보기
가: 그 친구는 성격이 어때요?
나: 성격이 활발한 데다가 말을 재미있게 해요.

(1) 가: 신제품 개발안은 어때요?
　　나: _____.

(2) 가: 새로 산 노트북은 어때요?
　　나: _____.

(3) 가: 영수 씨가 새로 맡은 업무는 어때요?
　　나: _____.

(4) 가: 이번에 들어온 신입사원 어때요?
　　나: _____.

N에다(가)

명사의 의미를 강조하기 위해 사용합니다. 또한 앞의 대상에 더해 뒤의 대상이 추가된다는 의미를 나타낼 때도 사용합니다.

가 : 혹시 홍보팀 김 대리 전화번호 아세요?

나 : 아니요, 사무실에다 전화해서 물어보세요.

• 이 현수막을 행사장 입구에다가 걸어 주세요.
• 부장님 책상 위에다가 결재 서류와 신제품 개발 제안서를 놓아 두었습니다.

3. 보기와 같이 대화를 완성하십시오.

보기
가: 커피가 너무 써서 못 마시겠어요.
나: 그럼 커피에다가 우유를 좀 넣어 보세요.

(1) 가: 아까 제가 알려준 전화번호 기억해요?
    나: 잠깐만요. 제가 아까 _____ 적어 두었어요.

(2) 가: 아까 작성한 물품 구입 신청서 어떻게 했어요?
    나: 김 대리님 _____ 두었어요.

(3) 가: 부장님께 보고할 판매 전략 계획서를 그냥 여기에 두면 어떡해요?
    나: 미안해요. 제가 _____ 올려 놓을게요.

(4) 가: 사원증을 또 잃어버렸어요. 이렇게 잃어버린 게 벌써 몇 개인지 몰라요.
    나: 그럼 _____ 연락처를 써 두는 게 어때요?

❗ 물음에 답하십시오.

1. 여러분 나라의 주요 수출 품목과 수입 품목은 무엇입니까? 주로 어느 나라로 수출하고 수입하는지 알아보십시오.

	주요 수출 품목	수출 국가
(1)		
(2)		
(3)		

	주요 수입 품목	수입 국가
(1)		
(2)		
(3)		

2. 다른 나라와 무역을 할 때 여러분 나라가 가지는 장점은 무엇인지 조사해 발표해 보십시오.

3. 영미와 왕단은 대학에 입학한 후 함께 살기로 했습니다. 집은 얻었지만 집안에서 쓸 가구가 없어서 두 사람은 비싼 가격으로 가구를 사는 것보다 직접 만들기로 결정했습니다. 그리고 집안의 벽지도 각자 골라서 바르기로 했습니다. 작업을 시작한 첫날 영미는 12시간 만에 가구 하나를 만들고 25시간 동안 벽지를 발랐습니다. 반면에 왕단은 20시간 만에 가구 하나를 만들고 10시간 동안 벽지를 발랐습니다. 그런데 영미와 왕단은 두 가지 일을 각자 따로 하는 것이 맞는지 의심이 들기 시작했습니다. 비교우위의 관점으로 두 사람이 어떤 결정을 내리는 것이 더 합리적일지 생각해 보십시오. 단, 벽지를 바르는 것은 가구 1.5개를 만드는 것과 같고 두 사람은 각각 1,000시간씩 일했다고 가정합니다.

❗ **다음을 읽고 물음에 답하십시오.**

1. 다음은 무엇에 대해 말하고 있습니까? 알맞은 것을 고르십시오.

> 앵커 다음 뉴스입니다. 하이난 섬(海南島)은 관광객을 늘리기 위해 4월 20일부터 항공기 이용 승객에게 면세 정책을 실시할 거라고 합니다. 하이난의 면세 혜택은 비행기를 탑승해 하이난을 떠나지만 국경을 넘지 않는 만 18세 이상의 국내외 관광객과 하이난 주민을 포함한다고 발표했습니다. 이에 따라 하이난에서 출발하는 국내외 관광객들은 한 사람당 매년 1만 위안까지 면세로 상품을 구매할 수 있게 되었습니다.

① 면세 대상
② 면세 목록
③ 면세 기간
④ 면세 장소

2. 다음 표의 내용과 <u>다른</u> 것을 고르십시오.

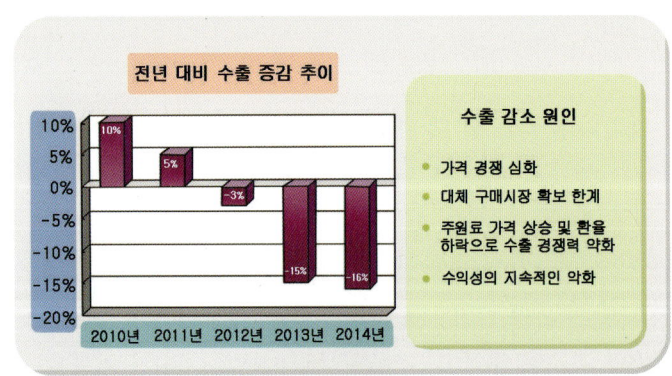

① 수출액 증감율이 전년 대비 두 자릿수로 하락한 적이 있다.
② 원자재 가격의 상승으로 최근 3년 동안 수출액이 매년 줄어들고 있다.
③ 달러의 가격 하락이 가격 경쟁력을 약화시키고 수출 감소의 원인이 된다.
④ 품목에 변화를 주어 새로운 시장을 개척한 것이 수출 감소의 원인이 되었다.

UNIT
13

BUSINESS
KOREAN

판매 촉진

판매 촉진이란 기업이 소비자들에게 상품을 구매하게 할 목적으로
고객들에게 상품에 대한 정보를 제공하거나 고객들을 설득하는 것을 말한다.
기업은 신상품을 개발한 후 상품의 판매를 위해 광고, 가격 할인, 경품 제공 등의
판매 촉진 활동을 한다. 판매 촉진은 마케팅 믹스의 4P 전략 중 하나로 4P 전략은
제품(product), 판매 촉진(promotion), 유통(place), 가격(price)을 말한다.

　어떤 상품을 새로 **개발하면** 가능한 한 많은 사람에게 상품을 판매할 수 있는 방법이 무엇인가에 대해 고민을 하기 마련이다. 판매를 **촉진하기** 위해 기업에서는 다양한 판매 촉진 마케팅 전략을 세운다. 판매 촉진 마케팅이란 기업이 소비자들에게 상품을 구매하게 할 목적으로 상품에 대한 정보를 제공하거나 구매욕을 자극해서 상품 판매가 늘어나도록 하는 것을 말한다.

　판매 촉진 마케팅에 주로 사용되는 방법으로는 광고와 쿠폰이 있다. 광고는 소비자에게 상품에 대한 정보를 제공하거나 소비 심리를 **유도하고자** 많은 기업에서 이용하는 촉진 활동이다. 광고는 짧은 시간에 많은 소비자들에게 상품을 알릴 수 있으며 기업에 대한 이미지 상승이나 상품에 대한 **인지도**를 높이는 데 효과적이다. 그러나 광고 비용으로 투자한 금액 이상의 상품이 팔리지 않을 경우 기업은 수익을 내기가 어렵다는 단점이 있다.

　쿠폰은 기업이 소비자에게 제공하는 할인권이나 경품 교환권을 말하는데 광고를 통해 상품을 접한 소비자들에게 보상 서비스를 제공해 소비자들이 상품을 다시 **구매하게** 하거나 홍보를 하게 하

는 등 **시너지 효과**를 얻고자 하는 용도로 사용된다. 주로 신문이나 잡지, 전단지 등을 통해 소비자들에게 전달되며 요즘은 인터넷이나 휴대 전화를 이용하는 기업도 늘어나고 있다. 쿠폰은 광고에 비해 즉각적인 상품 판매 촉진 효과를 기대할 수 있으며 상품의 이미지보다 판매량에 더욱 중점을 두는 판매 촉진 활동이다. 따라서 쿠폰이 가지는 기본적인 역할은 상품의 홍보와 판매 촉진이며 여기에 소비자들의 인식 개선 및 상품에 대한 만족도 향상 등도 포함된다.

이 밖에 기업에서 많이 이용하는 판매촉진 마케팅 전략으로 인적 판매를 들 수 있다. 인적 판매란 고객과의 1:1 만남을 통해 제품을 판매하기 때문에 제품에 대한 개별적인 정보를 제공할 수 있다는 장점이 있다. 이것은 주로 보험사나 카드사에서 주로 사용된다.

기업은 브랜드와 제품의 특성에 따라 판매 촉진 마케팅 전략을 다양하게 이용한다. 그러나 판매 촉진 마케팅의 기본적인 목적은 기존 고객의 제품 재구매 유도와 신규 고객 유치로 동일하다.

본문 어휘

개발하다
사람이나 단체가 새로운 것을 연구해서 만들다.

촉진하다
어떤 일을 더 빨리 하도록 해서 일이 잘 진행되도록 하다.

유도하다
어떤 것을 자신이 원하는 방향으로 이끌다.

인지도
무엇에 대해서 알고 있는 정도.

구매하다
물건을 사다.

시너지 효과
두 가지 이상의 물건을 각각 따로 사용할 때보다 함께 사용할 때 효과가 나타나는 것.

글을 읽고 대답해 보세요.

1. 판매 촉진 마케팅이란 무엇입니까?

2. 광고와 쿠폰의 차이점은 무엇입니까?

3. 여러분들이 알고 있는 쿠폰의 종류에 대해 이야기해 보십시오.

가격할인 價格割引

기업에서 새로 만든 신제품의 판매량을 늘리고 소비자들에게 제품에 대한 인지도를 높이고자 일시적으로 상품의 값을 할인하는 판매 촉진 방법.

소액할인 少額割引

하나의 상품에 대해 일시적으로 상품의 값을 할인하는 방법.

소액포장할인
少額包裝割引

– 보너스 팩 bonus pack : 정상 가격에 추가적인 제품을 소비자에게 제공하는 것.
【예를 들어 치약과 칫솔을 묶어서 치약 가격 또는 칫솔 가격으로 판매하는 경우이다.】

– 밴드 팩 band pack : 둘 이상의 상품을 정상 가격과 비교해서 할인된 가격으로 판매하는 것.

경품 추첨 景品抽籤

제비뽑기와 같은 행사에 참여하는 참가자들에게 자신의 이름을 써서 제출하도록 한 다음 당첨자를 뽑아 상품이나 보상을 제공하는 판매 촉진 방법.

모바일 쿠폰
mobile coupon

휴대폰으로 인터넷에 접속해서 다운 받아 사용하는 쿠폰. 모바일 쿠폰은 현금처럼 사용할 수 있으며 휴대폰으로 간단히 주고받을 수 있다는 장점이 있음.

거래 스탬프 去來 stamp

기업이 소비자에게 스탬프를 나누어 주어서 소비자들이 해당 점포에서 상품과 교환할 수 있도록 하는 것.

1. 보기에서 알맞은 단어를 골라 문장을 완성하십시오.

보기	개발하다	구매하다	유도하다	촉진하다

(1) 회사 비품은 지정된 거래처를 통해 ＿＿＿＿＿＿＿.

(2) 기업에서는 광고를 통해 소비자들이 물건을 사도록 ＿＿＿＿＿＿＿.

(3) 이 회사에서 새로 ＿＿＿＿＿＿＿ 상품이 시장에서 많은 인기를 끌고 있다.

(4) 소비자들의 소비 활동을 ＿＿＿＿＿＿＿ 위해 백화점은 계절별로 가격 할인 행사를 실시한다.

2. 관계있는 것끼리 연결하십시오.

(1) 보너스 팩 •

(2) 밴드 팩 •

(3) 모바일 쿠폰 •

(4) 거래 스탬프 •

A/V-기 마련이다

어떤 사실이나 상황이 자연스럽고 당연하다는 것을 나타냅니다.

가 : 오늘 바이어와 상담하는 걸 보니 영어 실력이 많이 는 것 같아요.

나 : 출근하기 전 매일 한 시간씩 영어 회화 학원에 다녔어요. 열심히 하면 좋아지기 마련이잖아요.

• 외국에서 오래 살면 자연스럽게 그 나라의 문화에 익숙해지기 마련이다.
• 야유회나 체육대회와 같은 행사에 자주 참여하다 보면 직장 동료들과 친해지기 마련이다.

---

1. 보기와 같이 대화를 완성하십시오.

> 보기
> 가: 이 대리가 많이 긴장했나 보네요.
> 나: 사장님 앞에서 발표할 때에는 직원 누구나 긴장하기 마련입니다.

(1) 가: 몸이 아파서 그런지 오늘은 일찍 들어가서 쉬고 싶네요.
　　나: 몸이 아프면 　　　　　　　　　　　　.

(2) 가: 오랜만에 김 사장님을 뵈었는데 많이 늙으셔서 놀랐어요.
　　나: 나이가 들면 누구나 　　　　　　　　　　　　.

(3) 가: 부서 이동 후 오늘 영업팀에서 처음 업무를 시작했는데 너무 힘들었어요.
　　나: 처음에는 무슨 일이든 　　　　　　　　　　　　.

(4) 가: 업무가 많아서 힘들 텐데 김 대리는 늘 즐겁게 일하는 모습이 보기 좋아요.
　　나: 좋아하는 일을 하면 일이 힘들어도 　　　　　　　　　　　　.

V-고자

앞 문장의 내용은 목적을 나타내고 뒤 문장은 그 목적을 이루기 위한 행동을 나타냅니다. 앞 문장과 뒤 문장의 주어는 같으며 뒤 문장에는 명령문이나 청유문이 올 수 없습니다.

외국인 산업 연수생이 한국의 발전된 철강 생산 기술을 배우고자 우리 회사를 견학하러 왔습니다.

• 왕단은 취직 시험에 합격하고자 한국어를 열심히 공부하고 있다.
• 회사 차원에서 양로원을 돕고자 직원들을 대상으로 모금을 한다.

2. 보기에서 알맞은 단어를 골라 문장을 완성하십시오.

보기   돕다   승진하다   줄이다   취직하다

(1) 정부는 실업자의 수를 _____ 최선의 노력을 하고 있다.

(2) 어려운 사람들을 _____ 매달 삼만 원씩 기부하고 있다.

(3) 김 대리는 과장으로 _____ 승진 시험을 준비하고 있다.

(4) 많은 학생들이 좋은 회사에 _____ 밤낮없이 공부하고 있다.

V-게 하다

주어가 직접 어떤 행동을 하는 것이 아니고 다른 사람에게 하게 할 때 사용합니다.
'V-게 하다'는 사동사에 비해 간접적인 의미가 강합니다.

가 : 과장님 일기예보에서 이번 주 토요일에 비가 온다고 하는데 야유회를 연기할까요?

나 : 참가자들에게 비옷을 준비해 오게 하고 그대로 진행하세요.

- 팀장님은 나에게 이번 신입사원 연수 장소를 알아보게 하셨다.
- 부장님께서는 과장님에게 하반기 영업 실적을 토대로 내년 상반기 영업 이익을 예상해 보게 하셨다.

3. 보기 에서 알맞은 단어를 골라 문장을 완성하십시오.

보기	가져오다	걸다	근무하다	제작하다	준비하다

(1) 과장님은 나에게 내일 회의 자료를 _____ .

(2) 사장님은 김민수 대리를 해외 지사에서 _____ .

(3) 부장님은 키가 큰 영수 씨에게 벽시계를 _____ .

(4) 사장님은 유명 여배우를 모델로 신제품 광고를 _____ .

(5) 회의실에 의자가 부족해서 과장님은 김 대리에게 의자를 _____ .

다음을 보고 물음에 답하십시오.

1. 대형 마트나 슈퍼마켓에서 판매 중인 상품들에 대한 판매 촉진 방법에는 어떤 것들이 있는지 조사해 보십시오. 그리고 그러한 판매 촉진 방법을 선택한 이유가 무엇인지 알아보십시오.

상품명	
판매 촉진 방법	
이유	

2. 여러분이 마케팅 담당자라면 아래 상품의 판매 촉진을 위해 어떤 방법을 이용하겠습니까? 그 이유는 무엇입니까?

활동 2

다음을 읽고 물음에 답하십시오.

1. 다음은 무엇에 대해 말하고 있습니까? 알맞은 것을 고르십시오.

> **직원** 이번에 새로 문을 연 칭타오 지점을 고객들에게 널리 알리기 위해 현금 쿠폰을 발행하면 어떨까 합니다.
>
> **과장** 그거 좋은 방안인 거 같네. 중국에는 식당 등 서비스업체들이 더 많은 고객들을 유치하려고 일정 금액 이상을 쓴 고객들한테 현금 쿠폰을 나누어 주는 경우가 아주 일반화돼 있거든.
>
> **직원** 네, 제품이나 서비스 업종 간 차별화는 크지 않지만 경쟁이 치열한 경우에 이 방법이 효과적이라고 봅니다.

① 고객 유치 방안
② 현금 서비스 지급
③ 제품 차별화 방안
④ 서비스 업종 간 차별화

2. 다음 글을 읽고 내용이 같은 것을 고르십시오.

> 경제 상황이 좋지 않을 때는 소비자들의 관심을 끌기 위해 기업들마다 다양한 이벤트를 실시하여 고객들에게 사은품을 주는 경우가 많다. 하지만 소비자들이 원하는 사은품이 아니라면 소비자들의 관심을 끄는 데는 실패할 수밖에 없다. 그래서 한국홈쇼핑이 소비자들이 원하는 것이 무엇인지 알아보기 위해 지난달 고객 1,000명을 대상으로 '상품 구매 시 함께 받고 싶은 사은품'에 대한 설문 조사를 실시했다. 그 결과 1위를 차지한 사은품은 주유권이었는데 그 이유는 현금처럼 사용할 수 있기 때문이었다. 이어 2위와 3위는 각각 수건과 라면이 차지했다. 이 밖에 올리브유와 커피믹스, 섬유 유연제, 세제 등의 생필품이 그 뒤를 이었다.

① 소비자들은 경품으로 라면을 가장 선호한다.
② 지난달 1,000명의 고객이 경품으로 주유권을 받았다.
③ 한국홈쇼핑에서 물건을 구입하면 생필품을 받을 수 있다.
④ 소비자들이 원하는 사은품을 파악하기 위해 설문 조사를 했다.

환율

환율은 한 나라의 통화와 다른 나라 통화 사이의 교환 비율이다.
또한 그 나라 화폐의 대외적 가치를 나타낸다. 환율은 수출품과
수입품의 가격을 변화시켜 경상수지에 영향을 미친다.

환율은 한 나라의 통화와 다른 나라 통화 사이의 교환 비율이다. 환율이 1달러에 1,200원이라면 1,200원을 미국의 1달러와 바꿀 수 있다는 의미이다.

환율은 또한 그 나라 화폐의 가치를 나타낸다. 만약 환율이 1,500원으로 오르면 원화 가치가 그만큼 떨어지는 것이고, 반대로 1,000원으로 **하락하면** 1,000원으로 1달러를 대신할 수 있으므로 원화 가치는 올라가는 것이다. 따라서 환율이 **상승했**을 때는 화폐 가치의 '**평가 절하**'라고 하고 환율이 하락했을 때는 화폐 가치의 '**평가 절상**'이라고 한다.

환율의 변동은 수출품과 수입품의 상대 가격을 변화시켜 **경상수지**에 직접적인 영향을 미친다. 환율이 상승하면 수출품 가격이 하락하여 수출은 증가하나 수입품 가격이 상승하여 수입은 **감소하므로** 경상수지는 **개선된다**.

예를 들어 한국에서 생산한 물건의 원화 가격이 2,000원이라고 가정하면, 환율이 1달러당 1,000원일 때 이 물건의 수출 가격은 2달러이고, 환율이 1달러당 2,000원으로 상승하면 이 물건의 수출

가격은 1달러가 되므로 한국 상품의 해외 수출에 **유리하다**. 반대로 환율이 하락하면 수출품의 가격이 상승하여 수출이 감소하고 수입품 가격이 하락하여 수입은 증가하기 때문에 경상수지가 **악화되는** 것이 일반적이다.

　한국자동차산업연구소는 원화 환율이 10% 하락하면 한국 자동차 수출액이 12% 가량 감소한다고 분석했다. 지난해 자동차 수출액 453억 달러를 기준으로 환율이 10% 떨어지면 연간 수출액이 54억 달러 이상 줄어드는 것과 같다. 환율 하락으로 인해 문을 닫는 중소기업이 생겨날 정도로 환율은 기업 경영에 중요한 역할을 한다.

글을 읽고 대답해 보세요.

1. 환율이란 무엇입니까?

2. 위 글의 내용과 같으면 O, 다르면 X를 하십시오.
　(1) 환율이 올랐다는 말은 달러와 비교해서 원화의 가치가 떨어졌다는 말이다. (　　　)
　(2) 환율이 오르면 수입업자에게 좋다. (　　　)
　(3) 환율이 내렸다는 말은 원화의 가치가 올랐다는 말이다. (　　　)

3. 주요 국가의 환율과 최근의 환율 변동에 대해 알아 봅시다.

외환시장 外換市場

외환 거래가 이루어지는 시장. 달러나 한화의 수요량과 공급량에 따라 값이 바뀜.

외환위기 外換危機

경상수지의 적자와 외환 부족 등으로 대외 거래에 필요한 외환을 확보하지 못하여 국가 경제가 어려워지는 현상.

매도 환율 賣渡換率

외화를 팔 때 적용하는 환율.

매입 환율 買入換率

외화를 살 때 적용하는 환율.

시장평균환율제도

市場平均換率制度

외환시장의 수요와 공급에 따라 환율이 결정되는 제도.

고정환율제도

固定換率制度

환율이 외환시장의 수요와 공급에 의해서 변하지 않고 고정되는 제도.

변동환율제도

變動換率制度

환율이 외환시장의 수요와 공급에 의해서 자유롭게 결정되는 제도.

1. 보기 에서 알맞은 단어를 골라 문장을 완성하십시오.

보기　　　　　　감소하다　　　개선되다　　　상승하다　　　악화되다

(1) 가전제품 수출량이 작년의 3분의 2로 　　　　　　.

(2) 컴퓨터 모니터의 판매량이 작년에 비해 3배 　　　　　　.

(3) 소비자들의 요청에 의해 직원들의 서비스가 많이 　　　　　　.

(4) 강 팀장은 너무 많은 일을 담당하고 있어서 건강이 　　　　　　.

2. 관계있는 것끼리 연결하십시오.

(1) 여행을 가기 위해 달러로 환전하러 갔더니 1,200원이　　　・　　　　　　・ 고정환율제도
었다.

(2) 한국은 외환시장의 수요와 공급에 의해 자유롭게 환율　　・　　　　　　・ 매도 환율
이 결정되는 제도를 택하고 있다.

(3) 여행에서 남은 유로화를 한국 돈으로 바꾸러 갔더니　　・　　　　　　・ 매입 환율
1,500원으로 살 때보다 더 낮았다.

(4) 미국 달러화에 대한 환율을 일정 수준으로 고정시켜 놓　・　　　　　　・ 변동환율제도
은 제도를 택하고 있는 나라도 있다.

A/V-(으)나

앞 문장과 뒤 문장의 내용이
반대임을 나타낼 때 사용합니다.

내일은 눈이 오겠으나
춥지는 않겠습니다.

• 거래처와 미팅이 있으나 오래 걸리지는 않을 겁니다.
• 경쟁사가 먼저 진출해 있으나 시장 확보는 어렵지 않을 것이다.

---

1. 보기 에서 알맞은 것을 골라 문장을 완성하십시오.

보기	
적자가 발생하다	판매가 촉진되지 않다
납품을 하지 못하다	수입품의 가격이 내리지 않다

(1) 수출을 많이 했다.
　→ 수출을 많이 ＿＿＿＿＿＿＿＿＿＿＿＿＿＿＿＿＿＿＿＿＿.

(2) 환율이 하락했다.
　→ 환율이 ＿＿＿＿＿＿＿＿＿＿＿＿＿＿＿＿＿＿＿＿＿.

(3) 신제품에 대한 홍보 활동을 했다.
　→ 신제품에 대한 홍보 활동을 ＿＿＿＿＿＿＿＿＿＿＿＿＿＿＿＿.

(4) 납품 예정일이 지났다.
　→ 납품 예정일이 ＿＿＿＿＿＿＿＿＿＿＿＿＿＿＿＿＿＿.

A/V-(으)므로

뒤 문장의 원인이나 이유를 나타낼 때 사용합니다. 명령이나 권유를 나타내는 문장 앞에서는 사용하지 않습니다.

강이 깊으므로 이곳에서는 수영할 수 없습니다.

- 제품의 주문량이 많으므로 곧 이익이 발생할 것이다.
- 지원자가 많으므로 네 명씩 면접을 보도록 하겠습니다.

2. 보기 에서 알맞은 것을 골라 문장을 완성하십시오.

보기	해외에서 인기가 높다	무역 적자가 발생하다
	상품 판매가 촉진될 것이다	승진 시험에 합격하다

(1) 열심히 준비했다.

→ 열심히   .

(2) 한국의 휴대 전화는 품질이 좋다.

→ 한국의 휴대 전화는 품질이   .

(3) 광고를 통해 홍보를 많이 했다.

→ 광고를 통해 홍보를 많이   .

(4) 국제 물가가 오르고 해외로 가는 여행객이 많았다.

→ 국제 물가가 오르고 해외로 가는 여행객이   .

A/V-(으)ㄹ 정도로

뒤 문장의 정도가 앞 문장의 내용과 비슷하다는 것을 나타낼 때 사용합니다. 보통 '-(으)ㄹ 정도로, -(으)ㄹ 정도이다'의 형태로 사용합니다. '-(으)ㄹ 만큼'과 바꿔 사용할 수 있습니다.

가 : 신제품에 대한 기자들의 반응이 어때요?

나 : 인터뷰에 다 응해 주지 못할 정도로 뜨겁습니다.

- 목이 쉴 정도로 길거리 홍보를 열심히 했습니다.
- 파워 포인트 자료의 글씨가 안 보일 정도로 너무 작습니다.

3. 보기 와 같이 대화를 완성 하십시오.

보기
가: 회사 경영난이 심한가 봐요.
나: 네, 직원 월급을 못 줄 정도로 심하다고 들었어요.

(1) 가: 요즘 업무가 많아요? 피곤해 보여요.
   나: _____ 일이 많아요.

(2) 가: 계약서에 틀린 것은 없는지 자세히 봤어요?
   나: 네, _____ 여러 번 읽었습니다.

(3) 가: 김 대리가 어제 회식 때 술을 많이 마셨다면서요?
   나: 네, _____ 많이 마셨어요.

(4) 가: 우리 회사는 젊은이들에게 인기가 많다고 들었습니다.
   나: 네, _____ 인기가 많습니다.

❗ 다음 그림을 보고 원화와 달러, 원화와 엔화의 환율이 어떻게 변했는지 이야기해 보십시오.

원-달러 · 원-엔 환율 추이 (단위 : 원)

1,481.4

1,393.1

원-엔

1,238.3

1,134.6   1,151.8

원-달러

1,070.6

2012년   2013년   2014년

> 2013년에는 원-달러 환율이 1,151.8원으로 전년에 비해 17.2원 올랐다. 그러나 2014년 들어 원-달러 환율은 81.2원 감소한 1,070.6원이었다.

❗ 다음 그림을 보고 환율이 수출에 어떤 영향을 주는지 이야기해 보십시오.

원 · 엔 환율 1% 하락 시 산업별 수출감소 예상치 (단위 : %)

-1.31	철강산업
-1.13	석유화학
-0.94	기계
-0.87	정보통신기술(IT)
-0.68	자동차
-0.46	가전

총수출
-0.92

> 원-엔 환율이 1% 하락할 경우 철강산업이 가장 큰 영향을 입을 것으로 조사되었다. 원-엔 환율이 1% 하락할 경우 철강산업은 1.31% 수출이 감소할 것으로 예상된다.

다음을 읽고 물음에 답하십시오.

1. 다음 글의 내용과 <u>다른</u> 것을 고르십시오.

① 3월 중순부터 위안화가 상승세이다.
② 달러를 기준으로 한 위안화의 가치이다.
③ 3월 말 달러의 가치는 2월 말보다 낮아졌다.
④ 숫자가 클수록 위안화의 가치가 높다는 뜻이다.

2. 무엇에 대한 글입니까? 알맞은 것을 고르십시오.

> 올해 우리 회사의 매출액이 많이 올랐다. 그러나 순이익은 작년보다 낮은 수준에 머물렀다. 환율이 올라서 수입 원자재 가격과 은행 대출 이자가 작년보다 많이 올랐기 때문이다. 회사 경영팀은 제품 홍보비를 줄여서 순이익을 늘릴 방안이다.

① 제품 원가 절감 방안
② 기업 이윤 확대 방안
③ 환율 상승 대처 방안
④ 제품 홍보비 절감 방안

브랜드 정책

브랜드는 기업의 제품 및 서비스를 구분하는 데 사용하는 이름이나 디자인을 가리킨다.
브랜드는 제품을 제조하고 판매하는 기업을 대표하기도 하며 그 상품의 내용과 품질을
보증하기도 한다. 또한 브랜드가 가진 이미지는 소비자의 선택에 큰 영향을 미친다.

최 팀장 우리 회사 신제품이 곧 **출시될** 거라고 합니다. 홍보용 신제품 체험단한테서도 아주 좋은 평가를 받았는데 우리 부서에서 마지막 단계인 브랜드 네이밍을 맡았습니다. 제품 출시에 앞서 가장 중요한 일이니까 여러분들도 공모전에 참여해 보세요. 그리고 특히 이번 브랜드 네임은 신입사원들의 **참신한** 아이디어를 적극 수용할 계획입니다.

이 대리 팀장님, 이번 신제품의 이름에 꼭 필요한 내용이 있습니까? 좋은 **조건**을 갖춘 브랜드 네이밍을 하기 위해서 주의해야 할 **사항**이 있는지 궁금합니다.

최 팀장 아, 물론입니다. 브랜드 네임은 한 번 만들어지면 다시 바꾸기가 어렵기 때문에 상품의 특징이 잘 나타나도록 이름을 지어야겠지요. 일단은 발음하기 쉽고 짧고 간단해야 합니다. 그러면 쓰기도 쉽고 기억하기도 좋겠지요.

이 대리 소비자들이 브랜드 네임을 들었을 때 이 상품에 대해서 **긍정적**인 느낌이 들도록 해야겠네요.

본문어휘

출시하다
상품이 시중에 나오다. 또는
상품을 시중에 내보내다.

참신하다
기분이나 느낌이 새롭다.

조건
일정한 일을 결정하기에 앞
서 내놓는 요구나 견해.

사항
하나의 일을 구성하고 있는
낱낱의 부분.

긍정적
바랄만한 가치가 있는 것.

추세
어떤 현상이 일정한 방향으
로 나아가는 경향.

리듬감
일정한 음악적 규칙에 따라
반복되며 움직이는 느낌.

인상
어떤 대상에 대하여 마음속
에 새겨지는 느낌.

손 과장 최근 브랜드 네이밍은 '후루룩', '퐁당'처럼 소리를 이용하거나 유명 연예인이 가진 이미지를 상품과 관련시키는 **추세**입니다. 소비자들이 들었을 때 **리듬감**도 느껴지고 밝은 분위기도 느낄 수가 있는 이름이지요.

이 대리 제품의 이름을 단순하게 생각했었는데 짧은 이름 속에 많은 의미가 담겨있는 거였군요.

손 과장 브랜드 네임은 짧은 시간 안에 소비자의 기억에 강한 **인상**을 남기기 때문에 마케팅에서 중요한 역할을 맡고 있어요. 이번 신제품에 대한 브랜드 네임의 성과는 우리 회사의 성패에 직접적인 영향을 미칠 겁니다. 이 대리, 이번 신제품 네임 공모전에서 참신한 아이디어로 좋은 결과 얻길 바랍니다.

글을 읽고 대답해 보세요.

1. 브랜드 네이밍을 할 때 고려해야 할 것은 무엇입니까?

2. 최근 브랜드 네이밍에는 어떤 것들이 이용되고 있습니까?

3. 마케팅에서 브랜드 네임이 중요한 이유는 무엇입니까?

4. 기억에 남는 브랜드 네임이 있으면 소개해 보십시오.

CI corporate identity

기업 이미지의 통일성을 의미함. 주로 시각적인 방법에 의존한다는 점에서 비주얼 코퍼레이트 아이덴티티(visual corporate identity)라고도 함.

워드마크 word mark

기업명을 나타내는 글자로 만들어진 마크로서, 심벌마크와 결합되거나 독립적으로 쓰임.

로고 logo

둘 이상의 문자를 짜 맞추어 특별하게 디자인하거나 레터링 한 것. 회사의 이름이나 상품의 이름에서 흔히 볼 수 있음.

슬로건 slogan

브랜드에 관한 설명적이고 설득력 있는 정보를 전달해 주는 짧은 문구.

심벌 마크 symbol mark

기업의 이념 및 이미지를 상징적으로 나타낸 표지.

라이선스 license

외국에서 개발된 제품이나 제조 기술의 특허권. 또는 그것의 사용을 허가하는 일.

로열티 royalty

남의 특허권, 상표권 따위의 공업 소유권이나 저작권 따위를 사용하고 지불하는 값. '사용료', '상표 사용료'라고도 함.

PyeongChang 2018
APPLICANT CITY

청렴 韓 세상
Korea, a country of integrity

저작권 著作權

창작물에 대하여 저작자나 그 권리를 이용하는 사람이 가지는 독점적 권리.

1. 보기 에서 알맞은 단어를 골라 문장을 완성하십시오.

보기	조건	출시	인상	추세

(1) 새로 도입된 우리 회사 CI는 '젊은 기업'이라는 　　　　　 을/를 준다.

(2) 수출이 계속 증가 　　　　　 을/를 보이므로 올해도 무역 흑자가 예상된다.

(3) 거래처에 계약 　　　　　 을/를 강화할 필요가 있습니다. 납품 기일이 조금씩 늦어져서요.

(4) 새로 나온 애플리케이션 '카오카오' 　　　　　 기념으로 사용 후기를 보내 주신 분께 선물을 드립니다.

2. 관계있는 것끼리 연결하십시오.

(1) '마즈 출판사'에서 개발한 글씨체는 다른 회사에서 무　　•
단으로 글씨체로 사용할 수 없다.

　　• 로열티

(2) 외국 작품을 국내에서 공연할 때 작품의 권리를 소유한　　•
해당 회사에 많은 돈을 지불해야 한다.

　　• 슬로건

(3) 대한민국은 2002년 월드컵 이후에 "Dynamic Korea"　　•
라는 국가 브랜드를 내걸었다.

　　• 저작권

V-기 위해(서)

'-기 위해(서)'는 주어가 자신의 어떤 생각이나 목적을 이루는 것을 나타냅니다. 앞 문장은 뒤 문장에서 하는 행동의 목적을 의미합니다.

가 : 앞으로 한 달 동안 3교대로 24시간 공장을 돌려야 납기일을 맞출 수 있습니다.

나 : 납기일을 맞추기 위해서는 어쩔 수 없지요. 그렇게 하세요.

- 브랜드 네이밍을 하기 위해서 사내 공모를 실시했다.
- 기업 이미지를 제고하기 위해 특별한 홍보 방안이 필요합니다.

1. 보기와 같이 대화를 완성하십시오.

보기
가: 신제품 개발팀이 늦은 시간까지 고생이 많네요.
나: 경쟁사보다 먼저 신제품을 출시하기 위해서 열심히 연구하고 있습니다.

(1) 가: 성과급 제도는 왜 필요하다고 생각하십니까?
    나: _____ 필요하다고 생각합니다.

(2) 가: 김 대리는 요즘 자가용을 이용하지 않고 지하철을 이용하지요?
    나: 네, _____ 대중교통을 이용하고 있습니다.

(3) 가: 전문 경영인(CEO)에게 회사 경영을 맡기는 가장 큰 이유는 무엇인가요?
    나: _____ 전문경영인에게 회사 경영권을 줍니다.

(4) 가: 정기적으로 야유회나 체육대회와 같은 행사를 개최하는 특별한 이유가 있나요?
    나: _____ 회사 구성원 모두가 참여할 수 있는 행사를 개최합니다.

V-아/어야지(요)

말하는 사람의 결심이나 의지를 나타냅니다. 혹은 다른 사람이 어떤 일을 해야 한다고 생각할 때 사용합니다.

가 : 오늘 이 대리님 집들이가 있는 걸 저만 몰랐네요.

나 : 그러니까 회식에 안 빠지고 참석해야지요.

• 저도 빨리 우리 부서에 적응해야지요.
• 과장님, 결재란에 서명해 주셔야지요.

---

2. 보기와 같이 대화를 완성하십시오.

보기
가: 내일 직원 단체 회식인데 식당을 아직 정하지 못했어요.
나: 그런 건 미리 예약을 해야지요.

(1) 가: 공모전 준비는 다 끝났어요?
나: 아니요, 조금 남았어요. 퇴근하기 전까지 ＿＿＿＿＿＿＿＿＿＿.

(2) 가: 며칠째 야근을 했더니 몸이 너무 안 좋아진 것 같아요.
나: 몸이 안 좋으면 무리하지 말고 ＿＿＿＿＿＿＿＿.

(3) 가: 이 네이밍은 부정적인 의미가 있는 것 같은데 어떻게 하지요?
나: 그러면 이름을 다시 ＿＿＿＿＿＿＿.

(4) 가: 이 대리, 서류 제출 기한이 지났습니다. 시간을 ＿＿＿＿＿＿＿＿＿＿.
나: 죄송합니다. 신제품 이름 짓기가 쉽지 않아서 늦었습니다.

N에 대해(서)

명사 뒤에 쓰여 그 명사와 관계가 있거나 그 명사가 대상임을 나타낼 때 사용합니다.

가 : 이번에 영수 씨 부서에 신입사원이 왔다면서요?

나 : 네, 신입 사원에 대해서 궁금해 하는 사람들이 많아요.

• 대학 졸업 후 계획에 대해서 선배와 이야기를 나누었다.
• 소비자를 대상으로 제품의 이름에 대해서 설문을 실시한다.

3. 보기와 같이 대화를 완성하십시오.

보기
가: 이번 설문조사의 주제가 뭔가요?
나: 대학생이 좋아하는 브랜드 에 대해서 조사하려고 합니다.

(1) 가: 김 대리, 지금 작성하는 보고서는 뭐예요?
　　나: 　　　　　　　　　　　 결과 보고서를 쓰고 있습니다.

(2) 가: 오늘 회의 시간에는 어떤 이야기들을 나누었습니까?
　　나: 　　　　　　　　　　　 이야기를 했습니다.

(3) 가: 내일 팀 미팅 때 상우 씨가 발표할 내용의 주제가 뭐예요?
　　나: 　　　　　　　　　　　 발표를 할 예정이에요.

(4) 가: '임원과의 대화' 시간에 직원들이 많이 한 질문은 무엇입니까?
　　나: 　　　　　　　　　　　 질문하는 직원이 가장 많았습니다.

💬 **다음을 읽고 이야기해 보십시오.**

신제품 '고소미와 구수미'(가명) 네이밍 공모

　내년부터 시판에 들어갈 신제품 '고소미와 구수미'(가명)는 기존의 제과 제품이 어린이들에게 제한되어 있는 것과는 달리, '청소년과 성인들도 함께 즐길 수 있는 과자'라는 슬로건을 내 건 상품입니다. 따라서 모든 연령대가 즐길 수 있는 과자라는 특징이 나타날 수 있는 이름이 필요합니다. 사원 여러분의 개성 있는 아이디어를 모집합니다. 우수 네이밍으로 뽑힌 사원에게는 특별 휴가와 성과급이 준비되어 있습니다. 사원 여러분의 많은 참여를 부탁드립니다.

- 조　　　건 : 1. 고소하고 구수한 맛이 표현되어 있을 것.
　　　　　　　2. 읽을 때 리듬이 느껴지고 즐거움을 줄 것.
　　　　　　　3. 어른부터 아이까지 모두 좋아하는 제과라는 의미가 있을 것.
- 제출 기간 : 1월 5일~ 1월 20일
- 제출 부서 : 마케팅 전략팀
- 결과 발표 : 1월 30일 홈페이지

---

1. 이 신제품의 슬로건은 무엇입니까?

2. 이 신제품의 이름이 갖춰야 할 조건에는 어떤 것들이 있습니까?

3. 공모전에서 우승한 사람에게는 어떤 보상이 있습니까?

4. 새로 개발한 음료수의 이름을 지어 보십시오.

❗ **아래의 대화를 바탕으로 '신제품 이름 공모전' 공고문을 써 보십시오.**

이 과장	김 대리님, 이번에 새로 출시되는 무선 청소기 이름 공모전은 어떻게 진행할 예정입니까?
김 대리	이번 청소기 이름은 소비자들을 대상으로 공모전을 열 계획입니다. 공모전에 대한 내용은 홈페이지에 공지하려고 합니다. 2월 초에 시작해서 20일쯤 마감할 예정입니다. 결과 발표는 3월 1일에 홈페이지에 하려고 합니다. 공모전에 당선된 소비자에게는 부상으로 무선 청소기와 스팀다리미를 드리고, 천만 원의 상금이 주어질 겁니다.
이 과장	이번 공모전에서 결정된 이름이 신제품의 판매에 큰 영향을 미칠 테니까 신경을 쓰세요. 그리고 청소기 이름은 '무선 청소기'라는 것과 크기가 작지만 깨끗이 청소한다는 점, 그리고 조용하고 편리하다는 장점이 담길 수 있도록 하세요.
김 대리	네, 알겠습니다. 조건에 추가하도록 하겠습니다.

신제품 '무선 청소기' 네이밍 공모

- 조 건 : 1.
        2.
        3.
- 제출 기간 :
- 제출 부서 :
- 결과 발표 :

해답

BUSINESS KOREAN

Unit 01

관련어휘

1 (1) 역량
  (2) 자긍심
  (3) 부각
  (4) 신뢰

2 (1)
  (2)
  (3)
  (4)

문법 & 표현

1 (1) 밥 먹을 시간도 없을 만큼
  (2) 생각만큼
  (3) 기대한 만큼
  (4) 같이 시간을 보내는 만큼

2 (1) 신제품 판매가 잘 되더라도 새로운 시장을 개척해야 해요
  (2) 승진 시험에 계속 떨어지더라도 포기하면 안 돼요
  (3) 피곤하더라도 이 일을 내일까지 끝내야 해요
  (4) 월급을 적게 받더라도 내가 좋아하는 일을 하고 싶어요

3 (1) 눈이 아플 수밖에 없어요
  (2) 피곤할 수밖에 없어요
  (3) 시간이 오래 걸릴 수밖에 없어요
  (4) 많이 나올 수밖에 없어요

활동 2

1 ①

2 ③

Unit 02

관련어휘

1 (1) 체험할
  (2) 향상시키기
  (3) 극복하기
  (4) 학습하는

2 (1)
  (2)
  (3)

문법 & 표현

1 (1) 보여요
  (2) 바뀌었어요
  (3) 풀렸어요

  (4) 들려서

2 (1) 맛있을 뿐만 아니라 값도 싸요
  (2) 고객들의 만족도가 높을 뿐만 아니라 주문량도 많아요
  (3) 많을 뿐만 아니라 힘들어요
  (4) 단어를 많이 알 뿐만 아니라 문법도 잘 알고 있어요

3 (1) 할 만해요
  (2) 볼 만해요
  (3) 일할 만해요
  (4) 읽어 볼 만해요

활동 2

1 ①

2 ①

Unit 03

관련어휘

1 (1) 동참하기로 했다
  (2) 개선
  (3) 지침
  (4) 권장하고 있다

2 (1)
  (2)
  (3)
  (4)

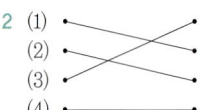

문법 & 표현

1 (1) 못할 뻔했어요
  (2) 못 볼 뻔했어요
  (3) 잊어버릴 뻔했어요
  (4) 지각할 뻔했어요

2 (1) 어렵기는 하지만
  (2) 읽기는 했지만
  (3) 좀 무섭기는 하지만
  (4) 피곤하기는 하지만

3 (1) 종무식을 하잖아요
  (2) 감기에 걸리셨잖아요
  (3) 사내 기타 동호회 회장이잖아요
  (4) 워크숍을 갔잖아요

활동 2

1 ④

2 ③

Unit 04

관련어휘

1 (1) 도입되어
  (2) 겸비하였다
  (3) 제공한다
  (4) 예측하고

2 (1)
  (2)
  (3)
  (4)

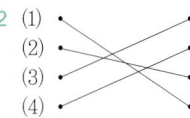

문법 & 표현

1 (1) 비가 자주 오며 날씨가 덥습니다
  (2) 리더십이 있으며 인간관계가 좋습니다
  (3) 기능이 다양하며 가격이 저렴합니다
  (4) 음악을 들을 수 있으며 사진을 찍을 수 있습니다

2 (1) 힘든 점은 인간관계라고 생각합니다
  (2) 불편한 점은 직접 요리를 해야 하는 것입니다
  (3) 중요하게 생각하는 점은 그 사람의 능력입니다
  (4) 좋은 점은 건강해진다는 것입니다

3 (1) 면접을 통해서
  (2) 신문을 통해서
  (3) 홈페이지를 통해서
  (4) 소셜네트워크를 통해서

활동 2

1 (1) X
  (2) O
  (3) O
  (4) O

Unit 05

관련어휘

1 (1) 의욕
  (2) 성과
  (3) 경력
  (4) 보상

2 (1)
  (2)
  (3)
  (4)

문법 & 표현

1 (1) 자 버렸어요
  (2) 잃어버렸어요
  (3) 끝내 버렸어요
  (4) 다 빠져 버렸어요

2 (1) 옮긴다면 / 영업부로 옮기고 싶어요
  (2) 만난다면 / 월급을 올려달라고 얘기하고 싶어요
  (3) 사라진다면 / 사랑하는 사람을 만나고 싶어요
  (4) 바꾼다면 / 김민지로 바꾸고 싶어요

3 (1) 하게 됐어요
  (2) 못 가게 됐어요
  (3) 취직하게 됐어요
  (4) 일하게 된 김지훈입니다

활동 2

1 ①

2 69,750원

Unit 06

관련어휘

1 (1) 세우셨어요(세웠어요)
  (2) 분석해서
  (3) 중단할 것입니다
  (4) 모아서
  (5) 예상하지

2 (1)
  (2)
  (3)
  (4)

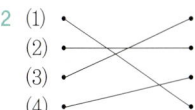

문법 & 표현

1 (1) 찾아 봤는데도 (불구하고)
  (2) 먼데도 (불구하고)
  (3) 비싼데도 (불구하고)
  (4) 유명하지 않은데도 (불구하고) 근무환경이 좋아서 입사하려
     는 사람이 많아요

2 (1) 어제와 달리 일찍 퇴근할 수 있어요
  (2) 소문과 다르게 정말 친절하신 분이에요
  (3) 광고와 다르게 옷이 하얗게 되지 않아요
  (4) 보는 것과 달리 사용법이 복잡해요

3 (1) 아마 도착했을걸요
  (2) 과장님은 퇴근했을걸요
  (3) 많이 막힐걸요
  (4) 다를걸요

활동 2

1 X

2 O

3 O

4 O

Unit 07

관련어휘

1 (1) 차지한다
  (2) 적용해서
  (3) 경쟁력
  (4) 비교해서
  (5) 장점

2 (1)
  (2)
  (3)
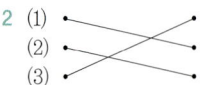

문법 & 표현

1 (1) 지하철을 타고 출근하기도 해요
  (2) 힘들기도 해요
  (3) 회사 근처에 있는 식당에서 밥을 먹기도 해요
  (4) 제가 하기도 해요

2 (1) 회의 시간에 졸까봐 그래요
  (2) 사은품을 못 받을까 봐 걱정했어요
  (3) 지각할까 봐 집에서 일찍 출발해서 그래요
  (4) 판매율이 떨어질 까 봐 걱정했어요

3 (1) 자고 말았어요
  (2) 컴퓨터를 끄고 말았어요
  (3) 공모전에서 떨어지고 말았어요
  (4) 지나고 말았어요

활동 2

1 내부 벤치마킹, 경쟁자 벤치마킹, 기능 벤치마킹
2 (1) X
  (2) O
  (3) X

Unit 08

관련어휘

1 (1) 계약서
  (2) 약관
  (3) 사양서
  (4) 주문서

2 (1)
  (2)
  (3)
  (4)
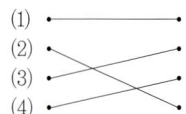

문법 & 표현

1 (1) 납품을 안 했어요
    → 주문서를 받고도 납품을 안 했어요
  (2) 공지를 안 했어요
    → 워크숍 장소를 정하고도 공지를 안 했어요
  (3) 결재를 안 받았어요
    → 휴가 신청서를 작성해 놓고도 결재를 안 받았어요
  (4) 제출을 안 했어요
    → 신제품 개발 제안서를 써 놓고도 제출을 안 했어요

2 (1) 볼 수 있도록
  (2) 들을 수 있도록
  (3) 늦지 않도록
  (4) 잊지 않도록

3 (1) 켜 두었어요
  (2) 복사해 두었습니다
  (3) 사 두었어요
  (4) 연락해 두었습니다

활동 2

1 ②

2 ③

Unit 09

관련어휘

1 (1) 지연되었다
  (2) 보고하세요
  (3) 파손되면
  (4) 곤란하니까

2 (1)
  (2)
  (3)
  (4)
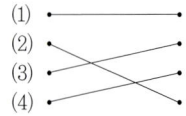

문법 & 표현

1 (1) 사실대로
(2) 예상대로
(3) 예정대로
(4) 약속대로

2 (1) 과장님이 오늘 저녁에 회식이 있다고 했어요
(2) 샤오밍이 눈 때문에 길이 너무 복잡했다고 했어요
(3) 리핑이 납품 단가를 더 낮출 수는 없다고 했어요
(4) 팀장님이 이번에 구매한 물건에 하자가 많다고 했어요

3 (1) 도착하는 대로
(2) 마치는 대로
(3) 끝나는 대로
(4) 돌아가는 대로

활동 2

1 ③

2 ②

Unit 10

관련어휘

1 (1) 시행할
(2) 제기했다
(3) 익숙합니다
(4) 도입했다
(5) 숙련된

2 (1)
(2)
(3)
(4)

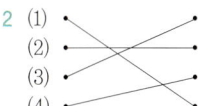

문법 & 표현

1 (1) 보여야 해요
(2) 알려
(3) 태워, 타세요
(4) 씌우세요

2 (1) 중단시켰어요
(2) 수출을 악화시켰다고 생각합니다
(3) 사원들에게 외국어를 공부시키셨어요
(4) 리핑 씨를 입원시켰어요

3 (1) 컴퓨터에 있는 자료들을 정리했더니
(2) 늦게까지 일을 했더니
(3) 옷을 얇게 입었더니
(4) 제가 이번 일을 못하겠다고 했더니

활동 2

1 ③

2 ②

Unit 11

관련어휘

1 (1) 지불해야
(2) 줄여야
(3) 늘어나고 있다
(4) 낮췄다

2 (1)
(2)
(3)
(4)

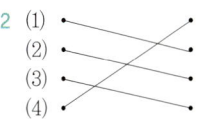

문법 & 표현

1 (1) 전화기에 입력해 둔 것을 봐야 알 수 있어요
(2) 스무 살이 되어야 운전면허증을 딸 수 있어요
(3) 단어를 많이 알아야 외국어를 잘할 수 있어요
(4) 시간이 좀 지나야 익숙해질 거예요

2 (1) 목적지에 따라 달라요
(2) 노력에 따라 다르겠지요
(3) 직급에 따라 달라요
(4) 지역에 따라 달라요

3 (1) 커지면 커질수록 일이 점점 많아져요
(2) 많으면 많을수록 회사에는 이익이 돼요
(3) 하면 할수록 보람을 느껴요
(4) 익숙해지면 익숙해질수록 재미있어져요

활동 2

1 ㉠ 변동비 ㉡ 고정비

2 ① X ② O

Unit 12

관련어휘

1 (1) 발생하고
(2) 보유하고
(3) 거래하던
(4) 효과적이다

2 (1)
(2)
(3)
(4)

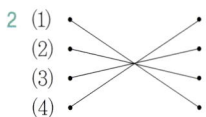

(2) 근무하게 했다
(3) 걸게 했다
(4) 제작하게 했다
(5) 가져오게 했다

문법 & 표현

1 (1) 누워 있었어요
(2) 서 있는
(3) 앉아 있는
(4) 피어 있던데
(5) 남아 있는

2 (1) 아이디어가 좋은 데다가 사원들의 반응도 좋아요
(2) 가벼운 데다가 성능도 좋아요
(3) 업무의 양이 많은 데다가 어려워요
(4) 성실한 데다가 일도 잘해요

3 (1) 수첩에다가
(2) 책상 위에다가
(3) 부장님 책상 위에다가
(4) 사원증에다가

활동 2

1 ①

2 ④

활동 2

1 ①

2 ④

Unit 14

관련어휘

1 (1) 감소했다
(2) 상승했다
(3) 개선되었다
(4) 악화되었다

2 (1)
(2)
(3)
(4)

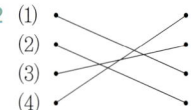

문법 & 표현

1 (1) 했으나 적자가 발생하였다
(2) 하락했으나 수입품의 가격이 내리지 않았다
(3) 했으나 판매가 촉진되지 않았다
(4) 지났으나 납품을 하지 못했다

2 (1) 준비했으므로 승진시험에 합격할 것이다
(2) 좋으므로 해외에서 인기가 높다
(3) 했으므로 상품 판매가 촉진될 것이다
(4) 많았으므로 무역 적자가 발생했다

3 (1) 잠 잘 시간이 없을 정도로
(2) 다 외울 정도로
(3) 혼자 걷지 못할 정도로
(4) 취업 잡지에 소개될 정도로

활동 2

1 ④

2 ②

Unit 13

관련어휘

1 (1) 구매한다
(2) 유도한다
(3) 개발된
(4) 촉진하기

2 (1)
(2)
(3)
(4)

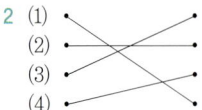

문법 & 표현

1 (1) 쉬고 싶기 마련이지요
(2) 늙기 마련이에요
(3) 힘들기 마련이에요
(4) 즐겁기 마련이잖아요

2 (1) 줄이고자
(2) 돕고자
(3) 승진하고자
(4) 취직하고자

3 (1) 준비하게 했다

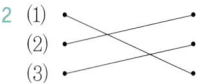

Unit 15

관련어휘

1 (1) 인상
  (2) 추세
  (3) 조건
  (4) 출시

2 (1) ●   ●
  (2) ●   ●
  (3) ●   ●

문법 & 표현

1 (1) 직원들의 사기를 높여 주기 위해서
  (2) 생활비를 아끼기 위해서
  (3) 회사를 투명하게 경영하기 위해서
  (4) 직원들의 유대감을 높이기 위해서

2 (1) 마무리해야지요
  (2) 쉬어야지요
  (3) 지어야지요
  (4) 지켜야지요

3 (1) 해외 파견 근무에 대해서
  (2) 신상품 판매 방안에 대해서
  (3) 성공한 기업가에 대해서
  (4) 사원 복지에 대해서